中国磁州窑

文化大系
历代精品典藏

磁州窑的孕育：
新石器时代 — 北朝卷

总 主 编：戴建兵　秦大树
本卷主编：韩立森

CHINESE
CIZHOU KILN
CULTURE SYSTEM

THE EXQUISITE PORCELAIN
COLLECTION

河北出版传媒集团
河北美术出版社
·石家庄·

图书在版编目（ＣＩＰ）数据

历代精品典藏 磁州窑的孕育 . 新石器时代—北朝卷 /
韩立森主编 . -- 石家庄 : 河北美术出版社 , 2024.6
（中国磁州窑文化大系 / 戴建兵 , 秦大树主编）
ISBN 978-7-5718-2605-5

Ⅰ . ①历… Ⅱ . ①韩… Ⅲ . ①民窑 – 瓷器（考古）– 磁
县 – 原始社会 – 隋代 – 图录 Ⅳ . ① K876.32

中国国家版本馆 CIP 数据核字 (2024) 第 007212 号

中国磁州窑文化大系
历代精品典藏　磁州窑的孕育：新石器时代 — 北朝卷
ZHONGGUO CIZHOUYAO WENHUA DAXI
LIDAI JINGPIN DIANCANG CIZHOUYAO DE YUNYU XINSHIQI SHIDAI - BEICHAO JUAN

总 策 划 : 丁　伟
出 品 人 : 田　忠
执行项目人 : 田　忠　杨　硕
责任编辑 : 杨　硕　徐道宽
责任校对 : 李　宏　张青艳　李菁华
藏品摄影 : 张　涛
藏品摄像 : 河北文旅建筑规划设计有限公司　商　尚　王　阳
视频剪辑 : 李　林
版式设计 : 翰墨文化　张　涛
封面设计 : 田之友　左铁铮
出　　版 : 河北出版传媒集团　河北美术出版社
发　　行 : 河北美术出版社
地　　址 : 石家庄市和平西路新文里 8 号
电　　话 : 0311-85915039
网　　址 : www.hebms.com
制版印刷 : 北京雅昌艺术印刷有限公司
开　　本 : 889mm×1194mm　1/16
印　　张 : 26.5
版　　次 : 2024 年 6 月第 1 版
印　　次 : 2024 年 6 月第 1 次印刷
定　　价 : 398.00 元

磁州窑

民国七年（1918），河北大旱，顺德府巨鹿县（今河北巨鹿）水源枯竭，天干地裂。人们求雨无果，只有掘地打井自救。水还没挖出来，一些古物却纷纷出现，由此一座埋藏于地下810年的宋代古城就这样被世人发现了。据《宋史》记载："（大观）二年秋，黄河决，陷没邢州巨鹿县。"①这就是因黄河水患陷没的巨鹿城。在这里，发生过著名的巨鹿之战以及西汉王莽与刘秀之争、东汉黄巾起义等，而行用天下的磁州窑瓷器犹如巨鹿城的精魄，从此辉煌地再回人世间。

第一批获利者是各色的寻宝人，他们疯狂挖掘、收购古物，运到京城等地再销往欧美，获取巨额利润。

民国九年（1920），天津博物院对巨鹿宋城遗址及文物进行了详细调查，1923年刊载于《巨鹿宋器丛录》，首次在文字上披露了磁州窑瓷器。民国十年（1921）7月，北京国立历史博物馆对巨鹿故城进行发掘，这是早于1921年年底瑞典人安特生发掘仰韶遗址的中国人的第一次科学考古，报告记录了土层变化和文物位置，一改寻"宝"思维。发掘所获得的磁州窑瓷器等文物受到丁文江、谢扶雅、黄宗昌和东亚考古学会总干事岛村孝三郎等专家学者的高度重视。

国弱无外交，更无文物保护。民国二十二年（1933），瑞典人司瓦洛（R.W.Swallow）盗掘修武当阳峪窑。第二年，英国人卡尔贝克（Ovrar Kairbeck）再次对当阳峪窑盗挖。英国人麦德丽（M.Medley），

日本人小森忍、奥田诚一、小山富士夫等人都在相关磁州窑系窑址进行类似活动。

民国二十三年（1934）叶麟趾编著的《古今中外陶磁汇编》一书，是中国学者结合文献对窑址进行实地调查和研究的首次尝试。在书中，他明确指出河北省磁县彭城镇就是古代磁州窑窑址。

1950年起，故宫博物院组织力量对文献记载的一些窑址进行调查，发现多达29处不为文献记载的新窑址。1958年，河北省文物工作队对窑址进行了小规模发掘。此后，考古工作者开始在全国范围内对广义磁州窑系窑址进行考古发掘和调查，丰富了对磁州窑系的认知。

磁州窑从开始发现就成了国际学界的关注点。除上述盗挖者司瓦洛、卡尔贝克、麦德丽、小森忍、奥田诚一、小山富士夫等人外，尤莫伐播靳斯、魏利阿姆斯夫人、上田恭辅、中尾万三、长谷部乐尔、蓑丰等，对磁州窑都有比较深入的研究，出版有多部论著。1981年，日美英加四国在美国印第安纳州举行"磁州窑国际讨论会"，并将四国收藏的磁州窑精品在美国各地举办专题性巡回展，同时出版《磁州窑图录》和《国际磁州窑讨论会论文集》，在国际上掀起了磁州窑研究的高潮。1985年，邯郸市陶瓷公司牵头成立"磁州窑研究会"，多次举行学术讨论会，取得丰硕研究成果。至此，"磁州窑"在学界得到国内外学者的普遍认识，重新屹立于世人面前。一种在文献典

① 脱脱等：《宋史》卷六十一，北京：中华书局，1977，第1328页。

籍中几近消失的器物灵妙再现。

人民的磁州窑

2023 年 10 月 11 日上午，习近平总书记来到景德镇市考察调研。他先后走进南麓遗址、陶瓷博物馆、明清窑作群，饶有兴趣地了解制瓷技艺流程、陶瓷文化传承创新和对外交流等情况，同非遗传承人亲切交流。习近平指出，中华优秀传统文化自古至今从未断流，陶瓷是中华瑰宝，是中华文明的重要名片。要求进一步把陶瓷产业做大做强，把"千年瓷都"这张亮丽的名片擦得更亮。

磁州窑是中国历代陶瓷烧造场所中最平民化的窑场，扎根民间，以服务百姓为主要市场方向。它把中华民族一切美好的意象、文字创造性地融入瓷器的设计、制造、装饰中，是中国人民生活中不可或缺的有机组成部分，以深入中国人心且朴素的美装扮着人民群众的美好生活，是展现中华民族优秀文化的器物精华。

瓷器体现在生活用器上，以将诸如青铜器、金银器、石器、木器仿制为陶器器皿为主。磁州窑一方面在材质上将其平民化，另一方面在器皿使用上通过陶瓷使百姓生活与贵族生活平等起来。这不仅是社会生产力发展的体现，更是精美瓷器如邢窑、定窑、越窑、建窑等"贡御"器皿烧制工艺的民间基础。没有磁州窑，中国的陶瓷不会如此光彩夺目。

磁州窑所在的太行山下黄河流域中原地区是中华民族最重要的发祥地之一，中华民族在此生生不息。瓷器作为中华民族重要的生活用品，与民族相伴，是中华民族重要的文化载体，反映着中华民族的精神生活和审美意趣。磁州窑因其人民性而尤其显现着这种品质。

古代的民窑一方面处于卑微的地位，面临着生存的压力，而另一方面却有着不受宫廷、官府、技法束缚的自由。在生存和自由、学习和创新、需求与供给等关系的平衡中，磁州窑成为广学天下名窑又时时创新天下的典范。

磁州窑的产品主要是百姓生活用品，包括瓶、盆、钵、罐、坛、碗、盘、枕、盒、鼎、壶、樽、缸、炉、枕、水注、香炉、唾盂、盏托、灯盏、香炉、俑人、烛台、油灯、油壶、梅瓶、撺（插）瓶、壁挂和各种儿童玩具、神佛像等，以及建筑用琉璃瓦、脊兽、三彩釉砖等，品种多达两千多种，其中大量酒坛及酒器体现了民间浓郁的生活气息。正因为是民间生活必需品，因而有巨大的市场需求，所以磁州窑瓷器传播十分广泛。

民国年间，磁州窑瓷货销路遍及河北省全域，河南省北部、中部，山东省西部，山西省东南部，并辐射全国。1945 年，彭城解放。1946 年，晋冀鲁豫边区政府组织千余窑业工人成立彭城瓷厂，重新恢复陶瓷生产。到 1947 年时，彭城已有缸窑、碗窑、碎货窑、砂锅窑等。档案记载，当时的彭城、上拔剑、下拔剑、义井、王家庄、豆腐沟、马家庄、杨台等 8 个村，有瓷窑 157 座，工人 1044 人。1948 年发展到瓷窑 202 座，工人 2632 人，一年产瓷货（包括缸、碗等各种瓷器）3000 多万件，价值 31 亿（旧币）多元。据《磁县瓷州四九年生产计划》："瓷业更是太行一种集中性工业生产。不但解决了本县大部分群众生活，而且供给了华北各地群众家庭用具，建设了社会。""瓷器产不应求，响应毛主席所说的'军队向前进，生产长一寸'之精神，解决群众家庭用具，解决生产障碍，大量发展。"随着解放区的扩大，缸、碗供不应求，瓷器销往山西、东北、平津、山东、甘肃和我国香港等处。

历史的磁州窑

磁州窑是中国烧造历史悠久的古窑之一，真真正正的千年窑火不断。

太行山下的河北自古得太行山的养育，太行山庇护下的人们拥有生产陶瓷所需要的一切。

如果你只关注文献记载中的磁州窑，那么对于全面了解磁州窑而言显然是不够的。

除越窑、邢窑、汝窑、钧窑、定窑、官窑、哥窑、龙泉窑、建窑等外，历史上著名的生产白地黑花瓷器的磁州窑，文献中几无记载。横行天下、豪放粗犷的元代磁州窑，在文献中更无片纸书写。

历史上有关磁州窑和磁州窑瓷器的文献记载，集中出现在明清。明初曹明仲的《格古要论》、王佐的《新增格古要论》、谢肇淛的《五杂组》、清初的《磁州志》《明会典》、朱琰的《陶说》、兰浦的《景德镇陶录》和许之衡的《饮流斋说瓷》等书中的相关记载，均是只言片语。

曹明仲的《格古要论》成书于明洪武二十一年（1388），卷七"古磁器"条说"好者与定相类但无泪痕，亦有划花绣花，素者价低于定器，新者不足论"。明天顺二年（1458），王佐对《格古要论》加以增订："古磁器出河南彰德府磁州，好者与定器相似但无泪痕，亦有划花绣花，素者价高于定器，新者不足论也。"明嘉靖万历时期的汤显祖，在他的戏曲《邯郸记》中提到过磁州烧制的瓷枕，第四出《入梦》："这枕呵，不是藤穿刺绣锦编牙，好则是玉切香雕体势佳。呀，原来是磁州烧出的莹无瑕，却怎生两头漏出通明罅，莫不是睡起蒵瞪眼挫花？"

谢肇淛（1567—1624）在《五杂组》卷十二·物部四中写道："今俗语窑器谓之磁器者，盖河南磁州窑最多，故相沿名之。"这是最早出现的"磁州窑"三字。申时行等修编的万历本《大明会典》卷一百九十四·工部十四《陶器》中记载："宣德间题准，光禄寺每年缸、坛、瓶，共该五万一千八百五十个。分派河南布政司钧、磁二州，酒缸二百三十三只，十瓶坛八千五百二十六个，七瓶坛一万一千六百个，五瓶坛一万一千六百六十个，酒瓶二千六十六个。"这是磁州窑"贡御"的记录。

清嘉庆二十年（1815）的《景德镇陶录》卷七《古窑考》提到，磁州"昔属河南彰德府，今属北直隶广平府，称磁器者盖此，又本磁石制泥为坯，陶成所以

名也。器之佳者与定相似，但无泪痕，亦有划花绣花，其素者价高于定，在宋代因著，今人讹以陶窑器品呼为磁器，不知另有是种窑"。这里"磁石制泥为坯"是主观臆断。

20世纪20年代，北京大学许之衡教授的《饮流斋说瓷》评论磁州窑瓷器为"贴残之膏药"："磁窑，出磁州（昔属河南，今属直隶），宋时所建。磁石，引针之磁石即产是州，取石炼陶，磁釉之名乃专指此。今人辄误以磁与瓷混用矣。器有白釉，有黑釉，有白釉黑花不等，大率仿定居多，但无泪痕，亦有划花、凸花者。白釉者俨同牛乳色，黑釉中多有铁锈花、黑花之色，与贴残之膏药无异。"

关于磁州窑的文字记载少，金石记载也只有两方碑刻。

1992年，滏阳河源头黑龙洞村旁出土了明万历三十四年（1606）所立的《明故典史官龙潭李公墓志铭》。铭文载："龙潭李公，……家世籍磁，居彭城，考本素行纯笃。……公生于嘉靖丙戌正月初一日，享寿八十有一，于万历丙午年八月十四日以疾告终于正寝。……置陶冶五十余处，庄房八百余间，田园千有余亩。"

万历十五年（1587）秋，彰德府推官张应登，在峰峰鼓山北响堂寺石窟区内立《游滏水鼓山记》碑刻。其中有一段关于彭城陶瓷生产状况的描述："彭城陶冶之利甲天下，由滏可达于京师。而居人万家，皆败瓮为墙壁，异哉！晨起，视陶陶之家，各为一厂，精粗大小，不同锻冶。入室，睹为缸者用双轮，一轮坐泥其上，一轮别一人牵转，以便彼轮之作者，作者圆融快便入化矣。为碗者止一轮，自拨转之，而作亦如是。口之似此作者曰千人而多，似此厂者曰千所而少。岁输御用者若干器，不其甲天下哉！"这是对明代彭城磁州窑最详细的记载。

中国北方百姓的生活离不开磁州窑，世界贸易离不开磁州窑，考古发掘更是一刻不停地证明着磁州窑。

距今1万年以前中国陶器出现，太行山下的河北、

是目前世界上最早的陶器发祥地之一。

距今 1 万年前的保定徐水南庄头遗址，就出土了十余片陶片。距今 8000 至 7500 年的河北邯郸峰峰矿区的磁山新石器遗址，出土了大量的夹砂褐陶和红陶器。易县中易水北岸的北福地距今 8000 至 6500 年左右的新石器遗址，也出土了刻陶面具及泥质灰陶和红陶器。井陉盆地也出土了距今 6000 至 5000 年的古陶。距今 3600 至 3400 年间的井陉欢喜岭商代遗址中发现了白陶。

河南裴李岗文化和河北磁山文化是新石器时代影响最广的仰韶文化的祖先。1972 年在邯郸发现的磁山文化遗址，与磁州窑主要窑址相距仅 20 公里，位于河北邯郸武安市西南 20 公里磁山村东南部，与峰峰矿区交界，出土陶器、石器、骨器、蚌器、动物骨骸、植物标本等约 6000 余种，被确认为是东方文明发祥地之一，是世界上粟、家鸡和中原核桃最早发现地，更是四大发明之一——指南针的发源地。根据出土文物分析，磁山文化距今 8000 年左右，早于仰韶文化约 1000 年。

磁山先民制作了大量的陶器，主要器型有陶盂和陶支架，制作工艺基本为泥条盘筑和捏塑法成型，大部分为夹砂红褐陶，少部分为泥质红陶，以素面为主，小部分装饰有刻划水波等纹饰。后来的磁州窑瓷器制作工艺也多用泥条盘筑和捏塑法成型。作为东方文明的发祥地之一，磁山地区先民创造的技术与文化被后世所传承，其创造的装饰技法，如蓖纹、附加堆纹、剔划纹等，在仰韶陶器、殷商陶器、磁州窑瓷器中都有体现。汉时磁县一带已经掌握了低温釉陶的烧制方法，陶器就已存在涂白色陶衣的现象，为后续白瓷及上白化妆土技术的发展奠定了基础。

1974 年，磁县下七垣村南发现殷商陶窑和大量印纹硬陶器，在峰峰矿区彭城镇富田豆腐沟义井等地发现商代硬质灰陶鼎。历年考古发掘在邯郸发现的春秋战国时期、秦汉时期、魏晋南北朝时期陶器，均有鲜明的磁山文化风格遗留。文献记载，战国时"赵国邯郸制陶，其品制冠绝当时"[1]。这些考古发现可以说明，从磁山文化诞生起到殷商西周战国长达五六千年的历史长河中，磁县陶器在品种、工艺、造型、装饰特征等方面，均显示出磁山地区陶器的持续性。说明磁州窑的形成是有历史渊源和坚实的社会、文化、技术基础的。

磁县贾壁村窑可溯源到北朝晚期，邯郸峰峰矿区临水窑部分属于北齐。北朝时期该地区制陶工艺完成了由"陶"到"瓷"的升华，制坯材料由陶器用泥转换成瓷土，开始施用白色化妆土，再以一层透明釉烧制成白瓷。北朝北齐高润墓就曾出土过一件碗胎上有白色化妆土而外表未施釉的器物。这种白瓷与由青瓷转化而成的白瓷有着本质不同。

从东魏、北齐到隋，短短几十年间，本地区经历了灰陶、釉陶到青瓷的演变，除了白化妆土瓷器外，同时烧造黑瓷、青瓷。唐末五代又从青瓷完成了向白瓷的转化。

据文物部门调查，磁县境内现有北朝古墓葬 134 座，在北齐外兵参军元始宗墓、元良墓中都发现了青瓷器陪葬品。元良墓更是出土了青瓷大盘、碗、高足盘、罐、虎子等 8 件青瓷器。北贾壁村的北齐时期（550—577）贾壁窑就是北朝青瓷窑。北朝墓葬中的青瓷器主要为磁县当地生产，有学者认为磁州窑前身的临水窑是北朝时期邺城青釉瓷的产地。

两晋南北朝时期，彭城、临水地处京师邺城（位于今河北临漳）西郊，烧制青瓷和化妆白瓷。临水窑窑址出土了百余件青瓷碗，这些器物有一半以上在口部施用白化妆土，再罩以青黄色透明釉，这是磁州窑釉陶向化妆白瓷过渡的初级阶段。1975 年临水发现的唐代古窑址及化妆白瓷器残片，说明磁州窑化妆白瓷的烧制已经步入成熟时期，由支烧改为笼钵（匣钵）

①叶麟趾：《古今中外陶磁汇编》，北京：文奎堂书店，1934，第 3 页。

装烧。

宋代，书本中没有记载的磁州窑却是鲜活历史中北方民间瓷器的典范，以其实用的造型和美观的装饰，点缀着宋人的生活，活跃着宋代的经济。

宋金时期磁州窑的中心窑场观台窑，所用原料大青土品质不高，故磁州窑胎多呈灰或灰褐色，一开始烧造就使用北方窑场普遍采用的化妆土。此时邢窑衰落，而定窑鼎盛。定窑走的是贵族高端路线，已采用匣钵装烧法，观台窑虽然模仿定窑却以裸烧法为主。从北宋中后期到金代前期，观台窑获得极大发展，瓷器胎质提升，制作工整。宋金时期磁州窑繁荣兴盛，金代中后期达到全面繁荣。这个时期的磁州窑瓷器自由奔放，潇洒飘逸。

时势流转，观台窑于元代走向衰败，只能生产碗、盘、瓶、罐、盆、盒、枕等日常生活用瓷。元代后期，观台附近瓷器的主要原料，即青土、白土、白碱、白釉、黑釉、笼土、砂子、矸子土、黑青、马牙石、料石等资源将尽，而附近的彭城却资源丰富，彭城窑逐渐兴盛起来。

青土产于彭城镇附近的南山、北山、东山，为量甚巨，品质坚硬，呈黑灰色。白土产于彭城镇附近的东山、西山、南山，产量亦大，品质较青土稍差，其原土呈白褐黄灰黑等色。白碱系化妆土，产于彭城镇附近之南教城、北教城、南羊台、豆腐沟、曹谢等村。白釉是透明釉药，白碱上即施此釉，除本地外还产于河南省禹州南屏山及北屏山等处。黑釉产于彭城附近之韩家庄、羊和铺、三河底等村。笼土混以砂子，可制造烧笼，又可制缸，产于彭城镇附近之南山、西山。砂子是一种耐火黏土，呈暗赤褐色，与笼土混合，制造笼子，产于彭城镇附近之炉上村等处。矸子土也是一种耐火黏土，用以制造缸砖，以筑窑、修窑，产于彭城镇附近，为量甚巨。马牙石即石英，料石即方解石，为瓷器重要原料。马牙石产于彭城镇周围山上，料石产于彭城镇附近东山中，为量甚大。所有这些原料，由于储量巨大，因而一直到清末价格还十分

便宜。晚清民国时期，烧制青花瓷所用的原料黑青即氧化钴购自外国，这是当时当地陶瓷业成本最贵的原料。

所有这一切使彭城窑区逐步发展起来，替代了观台窑。1973年，彭城大路沟出土元代至元三年（1266）石制碾槽和一些元代典型大鱼藻盆残片。考古发现此地瓷片堆积惊人，窑区阔大。元大都（今北京）居民区瓷器坑考古发掘出土瓷片数万件，加之水下考古的成果，都证明了磁州瓷器产量巨大，行销范围广。

明代彭城窑区规模有较大扩展，窑口遍及整个彭城镇。产品装饰仍以白地黑花为主，同时出现多彩化发展趋势，如白地黑花褐彩、白地黑彩篦花、灰地白彩、灰地白彩划花、黑釉、孔雀蓝釉下黑花、五彩、三彩、法花等装饰技法。还出现仿制其他名窑的制品，如仿制青花瓷器及青花五彩制品等。此外，建筑陶瓷发展极快。明代还在彭城设置"官坛厂"，酒缸、酒坛、酒瓶顺滏阳河舟运入京。

清初，彭城磁州窑再次进入繁荣时期，窑场窑型改大，品种产量增大，大多烧造一些满足百姓需要的价格低廉的生活必需品以及一些陈设用瓷及宗教用瓷，日用瓷覆盖民间市场。《磁州志》记载："彭城滏源里居民善陶缸之属，舟车络绎，售于他郡。"有"南有景德，北有彭城"之说。清道光十年（1830），磁州地震，窑场夷为平地，磁州窑受到毁灭性打击。

清末，彭城镇仍有缸磁窑130余座，瓷业工人千余名。日本农商务省商工局1908年版《清国窑业调查报告书》记载，磁州"沿靠京汉铁路，以生产餐具、茶具类产品为主，也生产花瓶、瓷枕，大部分产品为土陶器，也有类似瓷器的产品"。

在震后长期恢复过程中，为顺应社会形势的影响，清末磁州窑开始改良。伴随着清末光绪"新政"，袁世凯主导的直隶工艺总局组织对磁州窑的恢复和改良工作，全面学习和仿造景德镇瓷器。磁州窑曾派60多人前往景德镇学习，景德镇也派技术窑工到磁州窑传授技艺。由此，磁州窑开始在传统工艺的基础

上结合景德镇青花技艺，进行了一系列的创新。

根据《大中华直隶省地理志》记载，到民国十二年（1923），彭城窑区有瓷窑235座、缸窑30余座，有窑工5000余人，年产碗约1亿件、缸70多万件，行销东北、西北、华北13个省及京津两市。

抗日战争期间，磁州窑饱受日寇摧残，广大窑工积极反抗并参加了八路军组织的对日作战。1945年后，这里成为中国共产党晋冀鲁豫战略区的重要工业、陶瓷生产基地。

天下的磁州窑

民国二十三年（1934），叶麟趾编著出版《古今中外陶瓷汇编》一书，明确指出河北省磁县彭城镇就是古代磁州窑窑址，特别指出上白化妆土是磁州窑的基本特征。同时认为博山窑、萧窑（白土窑）、吉州窑等窑口具有"类似磁州"的特点，为日后"磁州窑系"的界定打下了基础。随着发掘成果的日益丰富，人们发现许多地区的窑口在装饰等方面早于磁州地区，如当阳峪窑、扒村窑等，其白地黑花与剔刻划花工艺可能更早，更精致。磁州窑的磁土性质不如南方，但白化妆土千年沿烧不断，绘画瓷、釉下彩以及难以计数的世界性各地收藏让磁州窑系生命力依然强劲。

1951年，著名考古学者陈万里先生在观台的旧渡口等船时，发现了河边一大片完好无损的5万平方米的古代窑址，由此，轰动世界的目前尚存最典型、面积最大、保存最完好的磁州窑观台窑址得到人们的重新认识。迄今，在观台镇和彭城镇两地方圆百里发现古窑场200多个，密密匝匝，层层叠叠，蔚为大观。宽几十米、长数公里的古代瓷渣堆积如山，埋藏着难以计数的历代精美瓷器和瓷片标本。

影响最大的宋金元时期的白地黑花磁州窑系以磁州窑为中心，南达广东南海窑，西至宁夏灵武窑，北至内蒙古林东窑，东到山东淄博、枣庄窑，影响所及有河南当阳峪窑（也称碌武窑、焦作窑、修武窑）、

鹤壁窑、宜阳窑、禹州扒村窑、钧台窑、鲁山段店窑、登封曲河窑、新安县城关窑、板山窑、李封窑、安阳西善应窑、天僖镇窑、辉县窑（沿村、庙院岗、杨坧垱宰坡等窑）、新密窑（西关、窑沟窑）、郏县窑（黑虎洞、黄道窑）、宝丰青龙寺窑，山西介休窑（洪山窑）、临汾窑、榆次窑（孟家井窑）、平定窑、高山八叉镇窑、霍县窑、山东淄博窑、德州窑、博山窑、枣庄窑、河北井陉窑、曲阳燕川村窑、临城南程村窑，内蒙古赤峰缸瓦窑，宁夏灵武窑，辽宁辽阳江官屯窑，安徽宿州窑、萧县白土镇窑，陕西耀州窑，江西吉州窑，广西合浦窑，广东海康窑。磁州窑先后有两个中心，宋金时期的中心是磁县观台窑及其周围的19处窑场，元明清以后的中心是峰峰矿区的彭城等17处窑场。

磁州窑是北方白地黑花陶瓷的精神所在。黄河南北均有此类风格制品，包括明代、清代、民国时期大量生产的青花等瓷器，产品销往中国大部分地区。

修武当阳峪窑，在河南北部焦作市修武县西村乡当阳峪村，周围几个县市内分布着70多座生产同类陶瓷器物的民窑群。当阳峪窑生产磁州窑系瓷器的历史不一定比观台窑晚，技艺也不一定比观台窑差。修武窑在北宋窑中风格变化最多，做工特别精细。当阳峪窑始烧于唐代，北宋晚期发展到极盛，明代衰落，个别窑口如清化柏山窑延续到民国时期。当阳峪窑瓷胎质疏松，因陶土含铁量低而胎色发灰，釉薄。

当阳峪窑最有特色的装饰技法绞胎诞生于唐代，河南的巩义窑、登封曲河窑以及陕西的耀州窑均发现有此技术，以巩义窑为较早。绞胎是用褐白、黑白或棕白两色瓷泥互相糅合制成，再成型为两色相间纹理变化的图案，罩以无色及绿、黄釉，如花似锦，俗称"透花瓷"。当阳峪窑的红绿彩器鲜艳夺目。耿宝昌先生说："当阳峪白釉红绿彩绘亦较突出，以人物塑像、盘碗为常，绘以荷莲、菊花、鱼藻，生动活泼，开拓了五彩瓷的历史先声。"

鹤壁窑（鹤壁集窑）是位于河南鹤壁市鹤壁集镇的庞大的古窑址群。其始烧于唐，宋金时期全面繁

荣，元代衰落。鹤壁窑比观台窑创烧时间早，品种丰富，以烧造白地带花瓷器为主，产品和器型丰富多彩，以剔刻划花、绘画、文字及诗文装饰为主。北宋后的鹤壁窑与观台窑瓷器相比，略显粗糙、滞后。

禹州扒村窑，位于河南禹州市浅井镇扒村，遗址面积达75万平方米。其创于唐终于元，主要品种有白地黑花、白釉、黄釉、黑釉和青釉，器型有碗、盘、枕、瓶、罐等等。扒村瓷纹饰比磁州窑更粗放凝练，黑彩浓厚，胎质坚硬粗糙，与磁州窑更相似。

登封曲河窑位于登封市东南的告成镇曲河村。其创烧于唐，中经五代，盛于北宋，"宋时窑场环设，商贾云集，号邑巨镇，金元两代亦归淹没"，下限到元代。登封曲河窑以白釉为主，最有特色的装饰是模仿金银器上鱼子状纹饰的珍珠地。

新密窑位于河南新密西关及窑沟。西关窑始烧于唐而终于宋初，窑沟窑兴起在宋金时期。珍珠地划花装饰在新密窑中出现最早，成为磁州窑及其他北方窑场仿制的样板，北宋时已传播到河北、山西。

段店窑位于河南省鲁山县段店。其盛于唐，烧制的花瓷闻名天下。宋金时期规模扩大，开始烧制白地黑花的磁州窑风格瓷器。元代停烧。

榆次窑（孟家井窑）位于山西省太原市孟家井。孟家井柏灵庙明弘治三年(1490)重修碑记中记载："榆次县治之北六十里有乡曰孟家井，居民大率三百家，乃古昔陶器之所。"宋金时产黑白釉、青釉印花及纯青釉器等。

介休窑（洪山窑）位于山西省晋中介休市城东洪山镇洪山、磨沟村一带，遗址以喊车沟为中心，总面积达2.5万平方米。洪山窑创烧于北宋初年，历经金、元盛烧，明清走向衰败。洪山窑品种丰富，以细胎白瓷的烧造量较大。

淄博窑在山东淄博。宋代烧制白瓷、黑釉陶等，黑釉陶以"雨点釉"和"茶叶末釉"名传于世。金代产白瓷和白釉黑花、黑釉、酱色釉器等。清代除生产陶瓷，还制琉璃器。宋及晚清民国时期生产的瓷多

系磁州窑风格。

井陉窑位于河北省井陉县中北部和井陉矿区，1989年被发现，已勘探遗址12处，面积约102万平方米，规模较大。井陉窑创烧于隋，历经唐宋金元明清至民国时期，是继邢窑、定窑、磁州窑之后河北省第四大名窑。

唐山窑起于明永乐二年（1404），山西、山东移民带来制陶技术，在唐山弯道山周边落户，产品属磁州窑风格。

灵武窑位于宁夏回族自治区北部灵武市，始于西夏，经金代而终于元代。其所烧瓷器品种丰富，综合吸收中原地区定窑和磁州窑两窑系技术，体现了西夏游牧民族的特点。装饰上有划花、剔花和褐色点彩等，烧造工艺上普遍使用化妆土、刮釉叠烧、支圈垫烧等技法。

林东窑位于内蒙古自治区赤峰市巴林左旗林东镇，有上京窑、南山窑及白音戈勒窑三处窑址。上京窑为辽代官窑，烧白瓷、黑瓷及绿釉陶器，三窑总体体现磁州窑风格。

赤峰缸瓦窑是内蒙古自治区赤峰市的特产。缸瓦窑又称"赤峰窑"，为辽代官窑，窑址在今内蒙古自治区赤峰市西南68公里的缸瓦窑屯。以烧制白瓷为主，另有白瓷黑花器、三彩及单色釉陶器、茶叶末绿釉器和黑瓷等。

辽阳江官屯窑，窑址在今辽阳市东太子河南岸的江官屯，是金东京辽阳府唯一的古窑址。窑场很大，所烧以白釉粗瓷为主，另有白釉黑花和黑釉瓷器及三彩器。该窑初建于辽，金代达全盛时期，元代渐衰至废，是一处烧造时间较长、规模宏大的烧造瓷器的民窑。

抚顺大官屯窑，为金代前期窑，日本侵占时期组织过发掘，一批大官屯瓷器收藏于旅顺博物馆，主要包括生活用具、玩具、窑具三大类，另有建筑构件及异形器等，元时停烧。

海康窑（雷州窑）位于广东省雷州市明通河和南渡河两岸，是一处历经唐、宋、元三代的瓷窑，已发

现窑址 60 多处。因此地隋时为海康县，故又称海康窑；又因地处雷州半岛，现为雷州市，故也称"雷州窑"。此窑烧制青釉褐彩器，明洪武三年（1370）因海禁而停废。

世界的磁州窑

宋代以来，磁州窑瓷器的外销促进了海上丝绸之路的繁荣。金元时期是磁州窑的鼎盛时期，此时的磁州窑达到水平的顶峰，产能获得巨大提升，元代产量达到历史峰值。加上元朝贸易向世界范围延伸，磁州窑瓷器此时在世界流传十分广泛。

古代磁州窑瓷器主要靠水路运输，境内的漳河、滏阳河航运连接大运河，故产品既可在北方直接出海，也可南下转口。磁州瓷畅销南北，横行天下，直冲海外，甚至远达北非，在当地一些古文化遗址中也能觅得磁州窑瓷器的芳踪。多处大洋海底沉船遗址的发掘，多处瓷器窖藏的考古等都争先恐后地告诉人们：磁州窑瓷器不仅是当时中华大地百姓喜爱的日常生活用品，更是中外贸易流通中的活跃商品。大量的考古发现充分说明磁州窑瓷器广受市场欢迎。

在博物馆收藏领域，磁州窑瓷器收藏同样具有世界性。除朝鲜半岛、日本、东南亚国家的博物馆大量收藏之外，美国大都会博物馆、法国集美博物馆、英国国家博物馆、加拿大安大略皇家博物馆等对磁州窑产品的兴趣也不落其后，均收藏有一定数量的磁州窑精品瓷器。日本更是以数量多、藏品精美而成为磁州窑瓷器收藏的大户。

1565 年，两艘满载中国货物的大帆船扬帆起航，离开菲律宾马尼拉，前往墨西哥沿海的阿卡布尔科。马尼拉大帆船贸易的序幕由此拉开。中国一直是大帆船贸易货物的主要来源地，福建商船运到马尼拉的丝绸和瓷器，奠定了大帆船贸易的基础。作为交换，大量墨西哥白银甚至秘鲁白银被运回中国。

这是磁州窑瓷器的第二次大出口。贸易往来活跃，反过来必然带动本地生产。

伴随贸易输出，磁州窑的生产和装饰工艺逐步传播到了海外。韩国是最早受磁州窑装饰技法影响的国家之一。1976 年，在韩国新安海底发现一艘元代沉船，随后经过多次打捞，出水瓷器近 2 万余件，其中有不少磁州窑白地褐彩、白地黑花和黑釉瓷器。北宋时期的磁州窑划花、剔花、珍珠地、镶嵌等工艺达到了很高的境界。金元时期磁州窑"白地黑花"毛笔书画装饰形成主流。韩国在高丽王朝时期就烧出了青瓷，12 世纪的高丽瓷器与磁州窑制瓷技术方面有许多共同特点，如黑彩画花技法、白化妆土技法以及刻花剔花、白地黑花技法装饰纹样。13 世纪，高丽王朝从青瓷装饰又演化出了青瓷镶嵌，青瓷上以铁颜料绘画施青釉，被称作"高丽绘"，器型和纹样模仿磁州窑白地黑花工艺。15 世纪朝鲜王朝时期，粉青沙器又成为一种新的时尚，其中剥地、雕花、印花、铁绘等技法，表现了韩国浓郁的民族色彩，从中又可显现磁州窑的深刻影响。韩国引以为傲的青瓷镶嵌技法就是磁州窑技法的延续和发展，铁画（白地黑花）、雕花（划花）、剥地（剔花）、印花、毛笔书画装饰等更是和磁州窑如出一辙。

20 世纪 60 年代，日本九州福冈出土了磁州窑瓷片。近年来，在日本的东京、京都、福冈、熊本等地也都出土了磁州窑瓷片，如磁州窑方形枕、绿地白剔、三彩、线刻黄釉黑彩等。高丽王朝在掌握磁州窑的制瓷技术后，将这种工艺传到日本。此工艺深受日本人民喜爱，他们很快将磁州窑技法融入陶瓷制作之中，创造出"绘唐津""绘志野"等一系列本土风格作品。日本著名的陶瓷鉴赏家石英明说："在日本，早在桃山时代，以古唐津为首，包括志野的黑花纹样技法，都模仿了磁州窑。"日本还将永青东京文库收藏的宋代磁州窑黑剔花折枝牡丹纹瓶、兵库白鹤美术馆收藏的磁州窑龙纹瓶认定为"日本重要文化遗产"。

日本的绘唐津、绘志野陶瓷装饰是磁州窑工艺传播的范例。绘唐津、绘志野不仅是对磁州瓷器的模仿，更是对这种瓷器背后精神层面的向往。如绘唐津是以写意手法反映出了自然的气息与生命的活力。唐津陶具有质朴、奔放、淡泊、亲切的民间特色，不受固定模式的约束，提倡的是自在的即兴创作，因而给人们的印象与感受也最为鲜明、强烈。

泰国古陶瓷由于胎中杂质多，所以普遍采取先在胎上施化妆土，再行彩绘，然后施釉烧成。素可泰（Sukhothai）窑的主要产品有铁绘鱼纹盘、碗及玉壶春瓶等典型作品，13—15世纪的泰国陶瓷造型装饰与磁州窑非常接近。

泰国没有发现磁州窑的出土器物，陶瓷烧造也没有循序渐进的发展过程，几乎是一夜之间生产出与磁州窑类同的器物。泰国曼谷大学东南亚陶瓷博物馆是泰国最大的陶瓷文物收藏馆，拥有此类陶瓷藏品16000多件。

素可泰窑规模不大，后来浙江陶工为了躲避灾患和战乱而抵泰并在宋加洛建窑生产青瓷，素可泰陶工便全部迁往宋加洛，素可泰窑生产遂告结束。

磁州窑风格传入泰国有"安南陶工所为"之说，安南（越南古称）在独立建国之前，基本上是在中国封建王朝的直接统治下，其文化自然深受中国的影响。中原制陶技术公元前2世纪传到了安南，安南历代制瓷技术、风格都来自中国。

南宋灭亡之后，抗元军民纷纷逃入东南亚，《元史·安南传》载元廷诏安南国王："自中统四年（1263）为始，每三年一贡，可选儒士、医人及通阴阳卜筮、诸色人匠，各三人，及……白磁盏等物同至。"在藩属贡物中指定"诸色人匠""白磁盏"，可知当时在安南定有大批工匠在该地设窑生产，借以谋生。至元二十二年至二十五年（1285—1288），元朝攻打安南，安南陶工再避入暹罗（泰国古称）境内，此时正是泰国素可泰王朝建立之初，不久类磁州窑的瓷器在泰国出现了。

12世纪，磁州窑的装饰技法传到伊朗。

大量考古资料和世界各地博物馆收藏表明，磁州窑对中国陶瓷生产和世界陶瓷生产有着重要贡献，其影响也证明了它的价值。历史越千年，一个北方民窑生生不息，从最早的北朝青瓷，到唐末五代的白瓷，再到宋元时期的"白地黑花"，最终开枝散叶，从磁州走向世界，创造了中国古陶瓷史的奇迹！

太行山东麓，自古即多通衢、河道，交通繁忙，由此奠定了磁州窑和磁州窑系形成的内在动力，促进了技艺的交流。

滏阳河是邯郸的母亲河，发源于邯郸市峰峰矿区滏山南麓，东出磁县北上，经邯郸、衡水、沧州等地，在沧州献县与滹沱河汇成子牙河，最后流入渤海。漳河源出山西省东南部太行山腹地，入磁县境东行，分流为两径：一是与滏阳河合流，史称北道；二是南行与卫河合流汇入运河，史称南道。磁州窑自北朝创烧以来，依托境内漳河与滏阳河两条河流，形成了滏阳河流域的临水窑烧造中心和漳河流域的观台窑烧造中心。这两条河流既是磁州窑兴起的必要条件，又是对外水运贸易的重要通道。从北宋到近代，磁州窑的产品通过漳河、滏阳河等水路和其他陆路运出。

20世纪以来，国内外发现多处运载瓷器的沉船与河道遗址，如河北磁县南开河沉船、沧州东光沉船、廊坊沉船等，出土瓷器中都发现有磁州窑器物。

20世纪70年代，河北大名县东部漳河故道上出土古船，船上满装金代观台窑外运的瓷器；1976年，河北磁县南开河、滏阳河交汇处故道发掘元代沉船6艘，出土瓷器379件，其中有磁州窑瓷器363件；1991—1994年间，辽宁绥中县渤海湾三道岗4次水下发掘，出水磁州窑整器225件；1997年，河北献县境内滏阳河上发现满载磁州窑瓷器的沉船；1998年，河北沧州东光县码头镇出土一艘元代沉船，内有磁州窑瓷器160件；2002年，内蒙古集宁等地陆续发现多处磁州窑瓷器窖藏，北京元大都遗址多处发现磁州窑瓷器；山东聊城境内出土的磁州窑瓷器达数百件；……

京杭大运河是举世闻名的水利工程，南起杭州，北至北京，全长约 1794 公里，流经河北、山东、江苏、浙江四省。大运河河北段连通着瓷器出海的码头，河北黄骅、盐山等滨海地区均发现有多处古代沉船和仓储遗址。1996 年，在黄骅市海丰镇发现了古代滨海码头的仓储遗址，出土的文物以瓷器最多，有定窑、井陉窑、磁州窑、耀州窑、龙泉窑等 5 个窑口的产品，其中以磁州窑的剔花和红绿彩为多。考古发现证明，一部分宋辽时期的中国北方瓷器是从海丰镇或再经中国南方港口转口运往东亚、东南亚的。

磁州窑瓷器正是通过漳河、滏阳河、大运河及其构筑的水系网络到达沿海及内地的港口和码头，再通过这些转运点分散到内地或出海运输到东亚、南亚、东南亚等地。这是一条传承千年的陶瓷之路。

一直到民国年间，磁州窑瓷器运输大都运至马头镇、光禄镇或大名之龙王庙镇。马头镇为平汉铁路车站，濒临滏阳河，水运可达天津，距彭城镇 60 里。光禄镇亦为平汉铁路车站，距彭城镇仅 30 里。龙王庙镇为运河码头，距彭城镇 160 里。水陆交通连成网状，以这些节点为中心，再由船只、火车运往各地。

创新的磁州窑

老子云："道法自然。"中国人对自然的尊崇和对自然法则的运用是世界独有的，并且融入了家庭生活和社会生产，这是中国传统文化的鲜明表征，在磁州窑产品中也有独特的体现。

第一，磁州窑和中国丝绸一样，从生产到使用都遵循自然的逻辑，凝聚了中国人的智慧和汗水。

明代以来，彭城之所以成为全国最大的缸生产基地，得益于它得天独厚的自然资源。陶瓷，就是土、水和火的艺术。它就地取材，成本低廉。磁县青土、缸土品质不高但资源丰富，由于含铁量高，瓷胎多呈灰色或灰褐色。窑工创造性地使用白化妆土，等青坯干燥到一定程度时，使用浇、蘸、浸、涂等方法，在器物外表施上一定厚度经精心调配的白化妆土浆液，

干燥后在外面罩上白色透明釉，生产出化妆白瓷。

目前发现最早的白地黑花瓷器，是 1959 年河南安阳发掘的隋开皇十五年（595）张盛墓出土的白地黑花武士瓷俑。深色坯胎和白化妆土的反差，使刻花呈现了两色，而干透的白胎又像是一张等待创作的白纸，用毛笔绘画写字，加上外面的釉，这使中国传统的单色釉迈向了缤纷多彩的陶瓷世界，更走出了磁州窑独具特色的白地黑花装饰。

用单片的竹、木、兽角在瓷胎上划花，或用篦形器联排划花；有施用化妆土之前在素胎上划花的，也有在施用化妆土之后划花的。每一种方式制成的器物，其风格和韵味都大不相同。所有这一切都体现了中国人的自然观以及天人合一的人与自然的关系，中国人的生产、生活就是这样在世界展开的。

第二，磁州窑是日后缤纷多彩的陶瓷世界技术的起点。

古人很早就在陶器上用各种颜料做画，限于人们对瓷器釉的认识，早期的瓷器基本上都是单色釉。唐朝人追求极致的白瓷，宋代五大名窑在单色上费尽心思，以宋徽宗赵佶的一句"雨过天晴云破处，这般颜色做将来"最有影响力，引导着瓷器在单色釉技术路线上不断探索。

而磁州窑用白化妆土一招尽破天下单色，瓷面变成了纸面，等待匠人的描画，世界在黑白两色间鲜活起来。这是磁州窑的一个伟大的创造，从此揭开了世界瓷器发展史的新天地。

可以肯定，没有磁州窑的釉下彩，就没有日后景德镇的青花陶瓷，更没有后世陶瓷世界的缤纷灿烂。

这种巧用化妆土装饰的"白地黑花"技术，犹如中国传统的水墨画，具有自然、随意的韵味，深得民间百姓喜爱，更是让磁州窑的窑工们"脑洞大开"，由此一发而不可收，创造出多种多样、丰富多彩的装饰技法，使其成为磁州窑的主要特色。

磁州窑创造的诸多技法，几乎涉及陶瓷制作工艺的所有领域。以施白化妆土为基本特征，磁州窑创

造出了多样装饰技法及瓷器，有各类色釉饰、刻划花、剔花、白地黑花、白地釉下绘划花、红绿彩等技法，还有低温钻釉三彩印花白瓷、印花青瓷等。尤其是白地黑花，在宋代就突破了五大官窑单色釉的局限，把中国的传统绘画、书法技艺与制瓷工艺结合起来，将中国人的精神世界呈现在了世界面前，创造了新的综合艺术，开拓了人间美的新境界。更为重要的是，它为日后的元青花和五彩瓷器的出现、发展开辟了道路。

秦大树先生在其博士学位论文《磁州窑研究》中对磁州窑的产品进行了全面的总结。他认为磁州窑产品有下列几种：一是素面白化妆瓷器，二是白釉划花瓷器，三是白釉刻花瓷器，四是白釉珍珠地划花瓷器，五是白釉剔花瓷器，六是白釉黑剔花瓷器，七是白釉印花瓷器，八是白釉凸线纹瓷器，九是白地黑花瓷器，十是白地绘划花瓷器，十一是白地黑花加综彩瓷器，十二是白釉模制器物和模印花瓷器，十三是白釉绿彩瓷器，十四是白釉酱彩瓷器，十五是白釉釉上红绿彩瓷器，十六是素面黑釉瓷器，十七是黑釉剔划花瓷器，十八是黑釉酱彩瓷器，十九是黑釉铁锈花瓷器，二十是黑釉凸线纹瓷器，二十一是黑釉模制瓷器，二十二是棕黄釉瓷器，二十三是绿釉瓷器，二十四是黄釉瓷器，二十五是黄绿釉瓷器（二十三至二十五这三种又包括很多种类），二十六是翠蓝釉瓷器，二十七是绞胎瓷器等。这些产品本身就是技法的物化。

也有学者将工艺技法归纳为划花、刻花、剔花、印塑、绘画及彩釉六大类。在青坯施白化妆土的基础上，印塑装饰工艺有白地印花、白釉镂空、瓦沟纹、柳条纹、菊瓣纹、瓜棱纹。刻划装饰工艺有白地刻花、白地划花、白地划花罩绿釉、棕黄釉划花、白地剔花、白地剔花罩绿釉、白地黑剔花、白地黑剔花罩绿釉、白地片刻。毛笔彩绘装饰工艺有点涂绿、褐色斑、白地黑花（有加褐彩的）、白地黑花罩色釉、白地青花（还有加彩）。综合装饰工艺有白地剔花填黑彩、白地绘划花、白地绘划花罩绿釉、珍珠地、红绿彩。其他装饰工艺有跳刀飞白纹、绿釉飞白纹、白地熏黑彩等。然后再用装饰让陶瓷穿上"衣服"。而磁州窑的釉是十分丰富的，诸如白釉、荣褐釉（饴釉）、翡翠釉（孔雀蓝釉）、绿釉、红绿彩、三彩釉等。

磁州窑创新的动力是百姓大众的需求，即市场需求，创新的源泉是学习。面向普通百姓日常生活的供给使窑品间相互学习变得极为普遍，市场压力又使工匠不断地创新，奉创新为生存之道，广学天下技艺，博采众长，这是民间窑口的特色。

唐五代的长沙窑（铜官窑）在今湖南长沙市铜官镇一带，其生机勃勃的釉下彩绘有斑块、条纹、散点、涂抹、蘸泼、图案、绘画、纪年、题诗、题句和商业铭文等，其艺术生命在磁州窑发扬光大。

而江西吉州窑从南宋时期才开始运用毛笔书画装饰工艺，最终黑釉及铁锈花成为特色。陕西耀州窑也是元代后才大量生产白地黑花瓷器的。

随着磁州窑瓷器的销售和窑工的迁徙，磁州窑技艺得以广泛传播。先是在相近的窑系内部相互学习借鉴。宋代磁州窑仿造了建窑盏和定窑的瓷器，特别是仿定器还生产出了精细的白瓷。井陉窑对定窑创烧有较大的促进作用。其他窑系的技艺包括当阳峪窑的绞胎、红绿彩、白地黑花工艺，鹤壁窑的白釉刻划剔印花、白釉红绿彩及白地黑花工艺，登封的窑珍珠地划剔刻花工艺以及白、黑釉工艺，鲁山段店窑的白釉黑花、珍珠地划花工艺，淄博窑的白釉黑花、黑釉白线纹工艺，萧县窑的白黄黑釉墨彩画花、划印花工艺。定窑主要学习磁州窑的白釉酱彩梅花点、珍珠地划花填彩、白釉剔花（黑剔花和黑花）、竖线刻划、白釉模印花、低温绿釉、低温红绿彩等装饰技术。

第三，磁州窑以瓷器取代了大量其他材质制成的生活用品，博采青铜器、石器、漆器、木器、竹器等器物造型的特点，演化成精巧实用、千变万化、无一定式的瓷器。百姓生活中能够用陶瓷器皿代替的一切器物，如碗、罐、坛、瓶、碟、玩具等尽其可能用陶瓷烧制生产。当然，金器、漆器和织物、石器等工艺对磁州窑烧制均有一定程度的影响。

宋代各窑都从单一日常生活用瓷的生产过渡到兼烧陈设瓷、艺术瓷、宗教瓷、建筑瓷，因而极大地提升了瓷器在百姓生活中的重要性。在宋金长期对峙时期，南方的铜和廉价瓷器进入不了北方民间市场，客观上提高了磁州窑的市场地位，同时以瓷像代替北方传统的石造像，更是一大创新。此时，观台窑陈设瓷、艺术瓷、宗教瓷的产量大幅增加。

第四，磁州窑极大提升了人民的生活品质，促使庶民文化趋向于雅致。民间对高雅文化的追求使磁州窑在瓷器装饰上大放异彩，瓷器上装饰有诗文、书法、水墨画等图案，为百姓生活增添了些许意趣。

瓷枕始见于隋朝，所谓"唐代瓷枕小，宋代瓷枕大，金元瓷枕千变万化"道出的是瓷枕的变迁。枕在中国有软硬两类，硬枕是磁州窑的典型器物之一。磁州窑在瓷枕烧制上不断创新，宋代至民国时期，磁州窑瓷枕强力的市场供给，使其成为北方百姓生活的日常用品，犹如今天的硬木家具。

磁州窑瓷枕造型富于变化，有方形枕、椭圆形枕、腰圆形枕、如意形枕、元宝形枕、扇子形枕、八角形枕、亚腰形枕、叶形枕、豆形枕、猫形枕、虎形枕、卧婴形枕、妇人形枕、长方形枕等等。瓷枕真正的艺术魅力在纹饰上，瓷枕表面绘有人物、山水、花鸟、虫鱼、动物、故事、诗词等各种图案。人物故事枕多以二十四孝、历史故事和元杂剧为主要表现内容，通过浓厚的生活情趣体现丰富的文化内涵。多变的造型和多样的纹饰相映成趣，使之成为磁州窑制品中的上品。枕底多有"张家造""漳滨逸人制"等戳印，相当于今天的商标。

第五，在清末民国时期，磁州窑在工艺技术、审美风格方面走出来了一条海纳百川、融合创新之路。金末元初大量磁州窑窑工迁徙到景德镇，给景德镇带去人才和技术。明时期磁州窑走下坡路，到清代已沦为非常普通的地方土窑，而同时的景德镇窑则风生水起。据记载，清末光绪帝推出工业改良计划，彭城窑欲重整旗鼓，专门派遣技术、管理团队到景德镇学习取经，之后，彭城窑的产品均带有景德镇青花瓷风格。

明清彭城窑产品装饰仍以白地黑花为主，同时出现多彩化发展趋势，有了白地黑花褐彩、白地黑花红彩、白地黑彩蓖花、灰地白彩、灰地白彩划花、黑釉孔雀蓝釉下黑花、五彩、明三彩、法花等装饰技法。此外，还仿制了景德镇青花瓷器及青花五彩等。

清末民国时期，磁州窑深受景德镇的细瓷、洋瓷输入以及禹州、平定、井陉、唐山等地所产瓷的影响。清末彭城所产瓷器有碗、罐、坛、瓶、碟、玩具等数种。当地人痛感产品"拘守故态，笨重陋劣"，认识到"墨守成规，不知改进"的局限，先是请来江西景德镇工人，改良制品，但"易地即无所施其技也"。后来当地瓷业同业公会派生徒赴江西景德镇学习，在彭城设立瓷业甲种工业学校，用机器使原料成型更加优美，注意化学分析，改良瓷器品质。

民国时期，河北省立工业试验所及唐山启新洋灰公司的新法制瓷对彭城有极大影响，天津商人常驻彭城贩瓷，"以舶来之釉供给窑店"，以日英货最多，彭城产瓷因之有较大改进。河北省立工艺试验厂有职工从天津回彭城创设小瓷窑，也有从唐山等处归来的工人在此自行营业，仿行各种新法，应用各种模型，承揽种种定活，产销两旺。

民国早年的彭城瓷窑，可分为两种：一为普通窑，一为巧货窑。如果加上缸窑、砂锅的话，那就是三种。据民国二十四年（1935）统计，彭城共计有碗窑206座，缸窑32座，小瓷窑10余座。普通窑生产碟、寿罐、大掸瓶、饭碗、大酒壶、五寸碟、大茶壶、便壶、挂灯等。巧货窑以精巧瓷器为主，缸窑专制缸、瓮等，缸窑均为山西人经营。民国初年彭城窑瓷器销路甚广，可及河北、河南、山东、关外各处。以华北为多，而天津、北平、汉口三处销行最盛，一部分时销海外。

第六，磁州窑以烧煤制瓷，从而提升了产量。

清末民国时期，磁县每座大窑每日用煤10万斤，中窑每日用煤7万斤，小窑每日用煤5万斤。磁县当时有瓷窑400余座，按200座烧窑计算，每窑每日用煤5万斤，每日需用煤千万斤。

磁州窑系是在国内较早用煤烧窑的窑口之一。据专家考证，河南巩义市铁生沟、郑州古荥镇两处大型冶铁遗址和古河南县（洛阳市西郊）瀍河东岸陶窑遗址中发现了用煤痕迹，证实汉代就已使用煤炭烧制陶瓷。在铁生沟冶铁遗址"兼营陶业"的许多陶窑中，发现"煤灰"和"原煤块"。瀍河东岸陶窑火膛内发现用煤的遗迹。考古鉴定上述三处窑址属于汉代，距今已1800多年。1500多年前的北朝，山东泰安满庄乡中淳于古瓷窑遗址发现"煤渣"。河南巩义市大小黄冶村十多处三彩窑遗址内炉渣证实在唐朝已兼用"煤炭"作为燃料烧窑。山西交城磁窑头窑晚唐时期也曾以"煤火氧化"法烧瓷。早在北宋以前定窑已经开始使用煤作为燃料烧造瓷器。宋辽金时期，中国陶瓷业发展进入鼎盛时期，已知有20多处瓷窑使用、沿用或兼用煤炭作为烧窑燃料，如枣庄中陈郝瓷窑址在金代窑炉底部发现有煤渣。上述窑址中，多数是窑窑相连的窑群，少则数座，多者十数座，尤以河南、河北、陕西等省分布最多，规模大，影响广。可以肯定的是，这么大规模的窑场，其用煤量也是很大的。

总而言之，煤炭作为燃料烧制陶瓷，在中国陶瓷业的发展史中起着十分重要的作用。

第七，磁州窑在陶瓷生产管理上采用独特的"分货制"。

磁州窑从明代开始就以"分货制"进行生产。分货制就是在生产过程中，窑主和工匠按照各自的成本投入对窑口成品出货进行实物分配。具体做法是：窑主和工匠按烧成的瓷货进行二一分成，窑主得两份，工匠得一份。而工人所得的窑货再分成十份，碗匠得四份，余下的六份再按技术高低、出力大小，进行再分配。工匠与窑主分享出品，从原料的提供到陶瓷生产的每一步骤所需人工全部计入分配比例，参与分配。这种生产经营方式也是十分独特的。

文化的磁州窑

磁州窑的伟大在于将瓷器变成了白纸，变成了一张可以描绘黑白图案的白纸。在这张白纸上，窑工又通过各种技艺将其立体化。平面和立体的艺术世界，不论是文字、图案，还是无穷的设计，都在磁州窑的瓷器上加以呈现。

宋代磁州窑以黑白两色为主要载体，几乎将中国民间喜闻乐见的一切，诸如文字、民俗、文学、乐曲、绘画、游戏、教育等元素，以文字或绘画的艺术形式创造性地应用于瓷器的装饰，瓷器成为历史、文化、艺术的载体。而明清直至民国时期，这一传统并不因为青花或多瓷釉的出现而发生改变，磁州窑承载着中华民族文化的大众审美，被审视也审视着时代和过客。

汉字书法有字形美、寓意美、字音美等特点，篆、隶、草、楷、行等众多书体在瓷器上一一呈现。磁州窑烧制的碗、盘、瓶、罐等瓷器上，大多绘制有单字、词组、成语、诗词曲文句、百家姓内容等，不一而足，雅俗共赏。也有不少写有元代八思巴文、清代满文及外国字母的瓷碗与瓷盘。

大英博物馆收藏有一只元代磁州窑八思巴文"美酒"四系瓶，美的寓意、字体的变化及简洁劲健的笔画，加上瓷器形体之美，构成一幅天然质朴的图画。瓷器的汉字中还有非常有意思的一笔书写或借字书写，诸如"都是命也""黄金万两"，从上到下，借用上字部分，叠笔书成。此外，"福""寿"两字的艺术化变形字体也妙不可言。

在文字装饰上，磁州窑瓷器上有很多表达中国人人生智慧的内容，诸如民间的谣谚俚曲、规劝箴言、处世哲学以及吉祥语、祝福语等，常见的有"天下太平""众中少语，无事早归""有客问浮世，无言指落花""孤馆雨留人""国家永安""镇宅大吉""利市大吉""天地大吉""牛羊千口""天地大吉，一日无事，深谢""贫居闹市无人问，富住深山有远亲""风吹前院竹，雨折后院花""清风细雨，黄花绿叶""清吉美酒，醉乡酒海""红花满院""道德清净""风花雪月""福寿康宁""川流不息""家和生贵子，门善出高人""家国永安""招财利市""招财进宝，日进斗金"等。

磁州窑的装饰文字还有谜语，如罐面书"四个川字川连川，四个山字山靠山，有人对成一个字，两个鸡子一酒满"，谜面的前两句分别用形象的语言刻画出一个"田"字。文字谜有"君子里外走，不许胡多手，被人看见了，不如猪和狗"（打一物），"有甲无盔，有肚无腿，有口无嘴，有心无肺"（打一物），"楚霸王，李闯王，关帝王"（打四书一句），"生在深山，长在平地，头顶日月，满身文气"（打一物）等。

磁州窑瓷器的风光情感书写是一大特色，文字迅速将你拉入美景和美好情感的意境。如"江天暮雪""烟寺晚钟""一枝花""蝶飞花下舞，鹤引水边行""春夏秋冬及四时，闲观书画共琴棋""风吹前园竹，雨洒后亭（庭）花""春夏秋冬""春莺飞来红杏树，夏蝉却奔浓杨柳。秋天客饮黄花酒，冬日人吟白雪诗""红梅因雪放""一樽岁酒拜庭除""观雪：江南三尺，人道十年""富贵长春：春水满四泽，夏云多奇峰。秋月扬明晖，冬岭秀孤松""水风轻，蘋花渐老，月露冷，梧叶飘黄""春人饮春酒，春丈打春牛""江天暮雪""远浦归帆""烟寺晚钟""渔村落照""潇湘夜雨""平沙落雁""一声卖花声""一声甘丹（肝胆）""杨柳分开沽酒市，荷花迷却钓渔船""独占花王号，春风放牡丹""三杯两盏淡酒，春夏秋冬精神""雪满山中高士卧"等。

磁州窑的装饰文字有些表达了平常百姓的失意感慨。如"错把陈醋当成墨，人生都是酸写出""左难右难，枉把功名干。烟波名利不如闲，到头来无忧患。积玉堆金，无边无岸，限来时，悔后晚。病患过关，

谁救得贪心汉""得闲且闲，已过终年限，宁交别人上高竿，却交别人看。邯郸长安，皆属虚欢（幻），论渔樵，一话间。江山自安，那里也，唐和汉""终归了汉，始灭了秦，子房公到底高如韩信。幼年间进身，中年时事君，到老来全身。为甚不争名，曾共高人论""韩信功劳十大，诸葛亮位至三台，百年都向土中埋。邵平瓜盈亩种，渊明菊夹篱开，闻安乐归去来""晨鸡初报，昏鸦争噪，哪一个不红尘里闹。路遥遥，水迢迢。利名人都上长安道，今日少年明日老，山依（旧）好，人不见了"等。

磁州窑的装饰文字有些传达的是处世哲学类与对人生进取的规劝。如"忍""在处与人和，人生得己何。长修君子行，由自是非多""己所不欲，勿施于人""众中少语，无事早归""有客问浮世，无言指落花""龙楼凤阁九重城，新筑沙堤宰相行。我荣我贵君莫笑，十年前是一书生""渔得鱼，鱼兴阑，得鱼满笼收轮竿。樵得樵，樵心喜，得樵盈担斤斧已。樵父渔夫两悠悠，相见溪边山岸头。绿杨影里说闲话，闲话相投不知罢。渔忘渔，樵忘樵，绿杨影里空踌躇。画工画得渔樵似，难画渔樵腹中事。话中所以是如何，请君识问苏东坡"等。

磁州窑的装饰文字有些则表现了人与人之间的美好情感。其中有乡旅类，如"常忆离家日，双亲抚背言。过桥须下马，有路莫行船。未晚先寻宿，鸡鸣早看天。古来冤枉者，尽在路途边"等。也有风月类，如"愁如醉，闷似痴，闷和愁养成春睡。珠帘任谁休卷起，怕莺花笑人憔悴""春将暮，风又雨，满园落花飞絮。梦回枕边云渡事，一声声道，不如归去""先生不面归何处，空巢藤花满院香。欲写姓名无纸墨，马鞭画破绿苔墙""月明满院晴如昼，绕池塘四面垂杨柳。泪湿衣襟离情感旧，人人记得同携手。从来早是不唧溜，闷酒儿渲得人来瘦，睡里相逢连忙先走，只和梦里厮驰逗。常记共伊初相见，特枕前说了深深愿，到得而今烦恼无限，情人虚着如天远。当初两意非轻浅，奈好事间阻隔离愁怨。似捎得一口珍珠米饭，

嚼了却叫别人咽"等。

写在陶瓷器物上的广告文字有的非常直白，如"金鱼馆""风乐馆""仁和馆""太平馆""酒""好酒""羊羔酒""金波玉液""江米好酒""竹叶青""梨花白""比赵云""轩池雁三小""酒海""酒盆儿"等。有的广告文字艺术性则强一些，如"一醉解千愁""三杯和万事""甜香味美最为善""长命枕"等。有的极具艺术品位，如枕面开光墨书："绣顶聚金不胜情，夏便瓷枕自凉生。清魂内如游仙梦，有象纱厨枕水晶。"酒坛则有："文人饮三杯，进三场，连中三元；武将吃一盏，杀一阵，官居一品。"下书："问酒谁家好？还答此处高。""康熙八年，造下此坛。出自山西，郡名陵川。附城镇上，西南子山。放酒酒好，盛醋醋酸。放水不漏，腌菜菜咸。诸般都放，放蜜更甜。买上一个，君常喜欢。人人爱买。不论价钱，使了想使，胜活十年。请君先看，许多诗言。我要讨价，细细五钱。可好可好，值钱值钱。休走休走，快还快还。真正白货，走而河南。"

磁州窑瓷器所现文字，贴近民众，贴近生活，贴近时代，最能反映普通民众的社会生活。

艺术的磁州窑更是文化的磁州窑。

古时不是今时，识字的人不多，而让人能够通过图画使精神世界得到涵养，磁州窑瓷器做到了。重要的是，中国传统图画在表达方式上追求简约、含蓄，磁州窑瓷器上的文字、图画同样如此，甚至更甚。它内涵的思想既有一定深度又有极大的宣教性。

磁州窑的装饰工艺技法自由灵活，方式多样，通过毛笔、竹、木，以民间喜闻乐见的装饰内容，自由奔放潇洒不羁的艺术构思，黑白两色的强烈对比，造就了独特的艺术韵味。绘画与装饰两相碰撞，相互激发生长，最终使装饰手法独步天下，形成其有规无束、刚劲豪放、潇洒自如的艺术风格。磁州窑无所不绘，为我们留下了宝贵的历史民俗图像。

磁州窑宋、金两代的装饰技法大爆发，划花、剔花、镶嵌、珍珠地、印花、黑绘、红绿彩等技法如繁花烂漫，异彩纷呈。可以说，如果没有磁州窑的瓷器，

很长的一段历史时期里，中国人的日常生活将缺少更多的情趣和审美。

磁州窑画师极其潇洒的手法和高超精湛的画技，将民间熟悉的市井风物、童叟仕宦、花鸟鱼虫、龙凤鹿马、珍禽异兽、山水人物、戏曲故事、诗词曲赋、警句谚语、婴戏杂技、文字谜语等绘于瓷器之上，形成了质朴豪放的艺术风格，对国内外的陶瓷产生了深远而巨大的影响。

磁州窑的纹饰非常丰富，工匠追求文人的修为，赢得平民百姓的喜爱。在纹样上，一气呵成的娴熟画艺，令许多艺术大师叹为观止。

磁州窑器物的装饰题材主要有花卉纹、飞禽走兽纹、鱼草纹、婴戏纹、人物山水纹、文字图案纹、珍珠地纹、抽象形纹、浮雕纹等9种类型。动物纹、人物纹及常见的婴戏图纹画意格调清新，平易近人，突出神情描绘，生动传神，具有很强的感染力。

花卉纹行笔舒畅流利，花形描绘普遍肥大饱满，活泼多姿，具有典型的民间艺术风格，是磁州窑美化装饰大小器物的主要纹样之一。画师选用民间喜闻乐见的牡丹、荷花、菊、向日葵、蕉叶、迎春花、石榴、松、竹、梅等纹样，按照器型的面积大小，分别使用不同工具，运用刻、剔、划、填、绘等手法，在瓶、罐、壶、碗、盘等器物上进行装饰。金代花卉纹装饰广泛应用，牡丹花、芍药花、栀子花等花卉成为装饰的主要图案。

飞禽走兽纹主要有龙、凤、芦雁、鹤、喜鹊、鹿、兔、水禽、喜鹊、仙鹤、翠鸟、鸡、鹿、虎、狮等，以表达喜庆、长寿、驱邪等寓意。如故宫博物院收藏的一件瓷枕，仰面绘狮子，墨书"镇宅"，表达用雄狮、猛虎来镇宅驱邪之意，是民间百姓喜欢的产品。元代产品特点是厚重、硕大、浑圆，以大盆、大罐、枕多见。纹饰主要有云龙、云凤、云雁和鱼藻纹等。

鱼草纹是磁州窑常用纹样之一，多装饰在日常用具中，种类丰富，十分美观。有的还把草叶略微变化一下，组成图案，变为卷草纹，装饰在瓷罐和瓷枕的周壁，显得古朴大方、雅而不俗。这与磁州窑位于

漳河和滏阳河两岸有关，这里鱼美草丰，纹样取自生活，是生活的再现和写照。

磁州窑的人物纹有马戏、熊戏、童子钓鱼、池塘赶鸭、蹴球等，线条流畅，风格豪放，情趣盎然。婴戏纹是磁州窑瓷枕、瓷罐上常见的一种装饰纹样，有骑竹马、钓鱼、放风筝、踢足球、打陀螺、踢毽子等，纹样简单，构图严谨，主题突出，笔法娴熟，乡土气息浓郁，充分体现了磁州窑画师的深厚功力，群众十分喜欢。这些画面反映了当时儿童的生活、服饰及活动场面，历史价值极其珍贵。其中人物山水纹多见于瓷枕，有深山古刹、江河船渡、园林美景、历史人物等，每一个纹样都是一幅美丽的画卷，十分赏心悦目。特别是宋代瓷枕装饰，内容大多是珍珠地上划出简单的花卉纹饰，也有一部分剔划的人物、动物装饰和文字装饰。禽鸟、鱼藻、狮虎类等纹饰也大量出现在瓷枕上，诗文装饰也成为主流。元代通常枕面两端绘繁密雅致的牡丹或菊花或石榴花等花卉纹饰，向内开光的大幅枕面装饰出现了以历史人物、历史故事为主导题材的内容，如柳毅传书、元杂剧人物、项羽渡江、司马相如桥头题诗、僧稠解二虎、宋朝铁面御史赵抃入蜀、唐太宗便桥见虏、宋太宗雪夜访宰相赵普等，凡此种种，不一而足。甚至还有表现民间体育的，如蹴鞠图、棍球击乐图等。张天师断案、李渤驯鹿、陈抟避诏、刘殷行孝、八仙过海、庄子试妻等，也都是画枕题材。元代画枕所绘故事，印证和诠释了比它晚了上百年或二三百年的明代古典文学名著《西游记》《三国演义》《水浒传》中有关故事的流传和形成过程。

文字纹在唐代长沙窑最早出现。宋代文字纹更加流行，从一个字"花""忍"，到百姓处世哲学的"众中少语，无事早归"，再到阿拉伯文等，内容丰富。特别是元代，出现了藏文、阿拉伯文、梵文等的文字纹饰。

明朝磁州窑纹样开始图形化，特别是表示人们美好愿望的"寿""福"两字，出现了从极为工整的楷书向花卉纹样转化的历程，这可以说是中国美术字的先驱。清朝文字纹有了满文，同时其图形化程度更高。

文字图案并用是磁州窑一大创新，极具特色。窑工用线条或图案做边框，将古诗词名句、名段、名篇文字和花卉组合在一块，用来表达一种寓意、思想或观念。

珍珠地纹古时是在金银器上常用的一种装饰，意在表现富贵，后来被窑工移植到瓷器上做衬地。磁州窑北宋时期在壶、炉、枕、灯、仕女图上不断出现珍珠地纹饰器物，把圆圆的珍珠撒在花丛图案之间，给人以美观高雅之感。

抽象纹样装饰是磁州窑瓷器上的一种特殊的纹样，非字、非花、非草，又似字、似花、似草，美化器物的同时包含着吉祥祝福之意，常见于盘、罐、瓶、小碗等器物上，是窑工即兴挥毫而作，随意、概括、简练，运笔娴熟，显示出高超的绘画技巧。

浮雕纹样装饰是磁州窑技艺的一种进步表现。窑工先将设计好的纹样制成模具，然后压印成带有图案花纹的分部，修平内壁，再拼装成瓷枕、花盆、花瓶、建筑构件等器物，最后施釉入窑烧制。这样就可以实现生产的标准化，并且可以大规模生产，大大提高了瓷器的生产率和器物的美观程度。

结束语

河北邯郸峰峰矿区彭城镇，依山傍水，风景秀丽，资源丰富，交通便利，是磁州窑所在地。

邯郸现有陶瓷企业87家，其中国有企业16家（磁州窑公司），集团企业6家，混合所有制和外资企业7家，租赁生产企业7家，民营企业51家；年总产值达6亿元，利税5300万元，年出口创汇能力2600万美元，其中自营出口创汇660万美元；从业人员2.5万人。企业主要集中在彭城、义井两镇，约80余家，主要生产各类中餐具、茶具、咖啡具、酒具等，还生产工业陶瓷、建筑陶瓷、电瓷、艺术陶瓷、园林和旅游陶瓷等。自创品牌14个。

新时代掀开了历史新篇章。有着悠久历史、辉煌文化和古老陶艺的磁州窑，深深扎根于河北广袤的土地，千年窑火不断，凝聚着强大生命力。太行山脉巍峨耸立，漳河滏水浩浩汤汤。磁州窑是河北人民的骄傲，也是祖国母亲的骄傲。

戴建兵

（河北师范大学教授、博士生导师）

逸笔何草草　磁窑话千年
——磁州窑的生产历史与地位

　　磁州窑是唐末五代以来在中国北方地区兴起的一个著名的民间窑场，其烧制历史一直延续至当代，是中国制瓷传统中具有悠久历史的重要窑口之一。它具有鲜明的民窑特色和深远的影响，是宋代以降文人士大夫的清雅艺术与庶民艺术分野后，庶民艺术中最具代表性的制瓷传统。磁州窑以质朴、挺拔的造型，豪放、生动的装饰而驰名中外，成为古陶瓷研究的一个历久不衰的重要课题①。

一、磁州窑的概念界定与产品种类

（一）磁州窑的概念界定

　　磁州窑是指从唐末五代起，直到近代，在古代磁州范围内生产瓷器的一批民间窑场。这些窑场的产品以供应周围地区的民间日用为主，在其生产的主要阶段并不以供御而著称，流布范围也并不广远。这些窑场均以使用当地出产的瓷土为原料，由于当地瓷土的品质不高，因而成品的胎体较粗，颜色较深，为此，磁州窑的产品在胎釉之间加施了一层白色化妆土，生产出了洁白的瓷器，达到了粗瓷细作的目的。化妆白瓷成为磁州窑最主要的产品和最具特色的风格。同时，以这层化妆土为基础，磁州窑发展了丰富多彩的装饰，其特点是利用了较深的胎色、黑色的彩与纯白色的化妆土呈色深浅对比，达到了纹饰鲜明的效果。这种依托化妆土而发展起来的装饰，是从晚唐时期开始白瓷生产中出现的精细白瓷与化妆白瓷发生分野的标志②。磁州窑又在其生产历史中一直生产釉上加彩和彩釉器物，形成了多样的色彩。磁州窑瓷器的造型和装饰艺术具有强烈的民间艺术特色。总体上磁州窑在艺术上形成了反差强烈、色彩丰富、工艺多样、纹样活泼、潇洒流畅的风格③，与宋代文人士大夫追求的规整淡雅、不尚装饰、不突破单色的清雅艺术形成了明显的差异。归纳磁州窑的特点：就地取材，经济生产，装饰丰富，色彩鲜明，具有民间艺术特色。

（二）磁州窑的空间分布

　　中国古代文献中所指的"磁州窑"或"磁器"，是指古磁州境内的窑场。磁州于隋开皇十年（590）建立，以后相延使用，直至近代④。古磁州的范围大

---

① 秦大树：《磁州窑的特点及考古研究》，载张晓燕、张国英主编《磁州窑与吉州窑文化传承交流之研究：第五届国际磁州窑论坛文集》，北京：文物出版社，2020，第 141 — 165 页。

② 秦大树：《瓷器化妆土工艺的产生与发展》，《华夏考古》2018 年第 1 期，第 72 — 89 页。

③ 长谷部乐尔：《中国的陶磁 7·磁州窑》，东京：平凡社，1996，第 85 — 88 页。

④ 乐史撰，王文楚等点校《太平寰宇记》卷之五十六，《河北道五》，"磁州"条载："本汉魏郡武安县地，周武帝于此别置滏阳县及成安郡。隋开皇十年废郡，于县置磁州，以昭义县界有磁山，出磁石，因取为名。大业二年废州，以县属相州。唐武德元年复置磁州，领滏阳、临水、成安三县。"北京：中华书局，2007，第 1159 页。据此书，并据嘉靖《磁州志》，以及《宋史》卷八十六《地理二》、《金史》卷二十五《地理中》及《元史》卷五十八《地理一》（均为中华书局排印本）记载，以后各朝也曾有短时间改易州名，如惠州、滏阳郡等，但总的看来，宋金元明等朝大部分时间一直称为磁州。

体上包括今河北省邯郸市磁县、邯山区、丛台区、峰峰矿区、武安市和涉县的部分地区①。在这个区域内，宋元时期存在着两个制瓷中心。

一处是在滏阳河流域，以今邯郸市峰峰矿区彭城镇为中心。《嘉靖彰德府志》记载："彭城，在滏源里，居民善陶缶罂之属，或绘以五彩，浮于滏，达于卫，以售他郡。"②这里的窑场密布于滏阳河两岸的彭城镇地区，占地面积纵横20余华里。此外，还有富田、临水、张家楼等窑址③。这一带的窑业肇始于隋代，而作为传统意义上磁州窑瓷器的生产约始于北宋末到金代，元明清时期成为北方地区最重要的生产中心，一直延续到民国时期④，是北方在生产规模和生产模式方面可以与景德镇齐名的窑区。新中国成立以后的三四十年间，设立在彭城镇的邯郸市陶瓷工业公司⑤位列全国的八大瓷区之一，至今这里仍然是一个制瓷业中心。古窑址大部分被压在现在的城市下，破坏严重，因而开展的考古工作也相对较少。特别是在

其盛烧的明清时期，相关的考古工作几乎未能开展，研究也十分浅表。

另一处是在漳河流域，即以今磁县观台窑址为中心，包括冶子、东艾口、申家庄、观兵台等一组窑场⑥。《嘉靖磁州志》卷一《坊关厢里村镇店集屯》"镇"条载："冶子镇，在土（王）城里，昔日陶冶，故名，今废。"⑦窑场相对集中地分布在漳河流出太行山出山口的冲积扇平原的顶部。漳河流出太行山，至艾口、观台一带流入平原。河道渐宽，流速趋于平稳，此地河道长期稳定，十分适合于窑业的生产，因而集中分布了这一组窑场。此外，漳河流域还有一个附属的烧造区域⑧，即漳河支流石漳渠旁的北贾壁、青碗河、青碗窑、白土等一组窑场⑨。这个区域烧造的时间很早，据20世纪50年代的调查，北贾壁窑址创烧于隋代，以烧青瓷为主⑩。通过此后的研究，发现贾壁窑烧造的时间可能早到北朝后期⑪。但这一区域位置偏远，水源不足，交通闭塞，因此烧造的时间不长，到

① 根据《太平寰宇记》，前揭注，王存：《元丰九域志》（北京：中华书局，1984）和《宋史》的记载，磁州原有属县四：滏阳、武安、邯郸、昭义，太平兴国元年改昭义县为昭德，熙宁六年省昭德县为镇入滏阳。又据崔铣辑：《彰德府志》卷一，《地理志》，磁州条："大明洪武元年改属彰德府，废滏阳县，南达于府十七里，东成安、南安阳、西涉、北邯郸，广一百七十里，袤一百里"。上海古籍书店影印本，1982，第28－30页。

② 崔铣辑：《嘉靖彰德府志》卷一，《地理志》，第一之二，前揭注，第30－31页。

③ 刘志国：《磁州窑的起源、发育与形成》，《河北陶瓷》1986年第4期，第40－45页。张子英：《磁县古代陶瓷工业烧造的三个区域》，《文物春秋》1992年第3期，第44－46页。

④ 郝良真：《近代磁州窑》，北京：科学出版社，2010，第2－31页。

⑤ 邯郸市陶瓷总公司：《邯郸陶瓷志》，内部印刷本，1990，第12－16页。

⑥ 李辉炳：《磁州窑遗址调查》，《文物》1964年第8期，第37－48页。秦大树：《河北省磁县观兵台古瓷窑遗址调查》，《文物》1990年第4期，第23－36页。张子英：《磁州与磁州窑》，《河北陶瓷》1985年第4期，第47页。

⑦ 明嘉靖癸丑（1553年）知州周文龙《磁州志》，上海：上海书店，1990。

⑧ 《太平寰宇记》卷之五十六，《河北道五》，"磁州滏阳县"条："漳水自林虑县界流入，有石漳渠焉。"这里所说的漳河支流应即"石漳渠"。乐史撰，王文楚点校《太平寰宇记》，北京：中华书局，2007，第1161页。

⑨ 张子英：《磁县古代陶瓷工业烧造的三个区域》，《文物春秋》1992年第3期，第44－46页。

⑩ 冯先铭：《河北磁县贾壁壁村隋青瓷窑址初探》，《考古》1959年第10期，第546－548页。

⑪ 如1975年发掘的北齐武平七年（576）左丞相文昭王高润墓中出土的两件青瓷碗，从胎釉和器形等方面看，均与贾壁村窑址调查中采集到的碗相似。参见磁县文化馆：《河北磁县高润墓》，《考古》1979年第3期，第235－243页。

唐代就停烧了。一直到金元时期，这里才在观台地区的影响下开始恢复生产①。产品的面貌也基本与漳河流域的诸窑相同。

漳河流域的制瓷中心大约始烧于唐末五代时期，宋金时期生产的范围和规模不断扩大，形成了一个众多窑户集中生产，有着相当细致分工的商品化生产的中心，代表了当时制瓷业中最高水平的生产组织形式和工艺水平。元代，这里的产品质量下降，但生产规模却达到了顶峰。入明以后，这个窑区迅速停烧，生产转移到了滏阳河流域的彭城镇。漳河流域的窑场从20世纪50年代开始先后开展过四次较为正式的考古发掘，取得了丰硕的成果，并且开展了较充分的考古学分期研究②，成为了解磁州窑在宋元时期从发生、发展、繁荣到衰落过程的基础资料。今天我们对磁州窑的认知主要来源于这个区域的考古发掘成果。

按照"瓷以州名"的概念，上述这些窑场就是"磁州窑"的窑场。这些窑场所生产的器物品种就应该是磁州窑的器物。

（三）磁州窑的产品种类及特点

根据历年来对磁州窑漳河流域生产区的发掘与研究，参考峰峰矿区彭城和临水一带历年来调查、发掘出土器物的情况，我们可以归纳出磁州窑应包括如下种类的器物：（1）素面白化妆瓷。这是磁州窑中的主流产品，也是数量最多的产品。（2）白釉划花。（3）白釉刻花。（4）白釉珍珠地划花。（5）白釉剔花。（6）白釉黑剔花。（7）白釉印花。（8）白釉凸线纹。（9）白地黑花。（10）白釉绘划花。（11）白地黑花加棕彩。（12）白釉模制器物和模印花。（13）白釉绿彩。（14）白釉酱彩。（15）白釉红绿彩。（16）黑釉瓷器，又包括素面黑釉、黑釉剔刻花、黑釉酱彩、黑釉铁锈花、黑釉凸线纹、黑釉模制器物等装饰。（17）棕黄釉瓷器③。（18）绿釉瓷器。其中又包括了绿釉划花、绿釉剔花、绿釉黑花、绿釉黑剔花、绿釉模制器物和模印花等装饰的瓷器。（19）黄釉瓷器。包括黄釉模制器物、黄釉模印花、黄釉划花等。（20）黄绿釉瓷器。其中亦包括印花、模印花、模制器物、划花和镂孔等若干小类。（21）翠蓝釉瓷器（传统上称为孔雀蓝釉）④。（22）绞胎及绞化妆土瓷器等⑤。

这里特别要提出的是白釉划花、刻花、印花，这几种装饰方法在越窑、邢窑和定窑都先于磁州窑应用，属于磁州窑学习其他窑的技术，似应排除在磁州窑典型产品之外。但是，同样的装饰技术，在磁州窑至少有两个特点：第一，这些装饰技术都是施加在化妆白瓷之上的。第二，磁州窑在这些装饰技术的应用方面，都有进一步的发展、创新，尤其是刻意强调了胎与化妆土呈色不同的对比。如在划花装饰上加施梳篦纹的地饰，更加突出了主题纹饰，成为宋金时期磁州窑最流行的装饰技法；而刻花装饰则深深地刻入胎

① 秦大树：《河北省磁县观兵台古瓷窑遗址调查》，《文物》1990年第4期，第23－36页。张子英：《磁州与磁州窑》，《河北陶瓷》1985年4期，第47页。

② 秦大树、李凯、郭三娟：《磁州窑考古与研究的百年历程》，《文物春秋》2021年第6期，第1－22页。

③ 棕黄釉瓷器是北方地区比较流行的一种颜色釉瓷器，是在器物上施了白釉和黑釉两层釉形成的，具有青瓷的特征，但又有明显的不同，所以根据呈色称为棕黄釉。日本学者称为"怡釉"。参见长谷部乐尔：《磁州窑》，《陶磁大系》39，东京：平凡社，1974，第101页。

④ 这里所说的翠蓝釉即通常古玩界所说的孔雀蓝釉，笔者曾经讨论过这种称呼，尽管约定俗成，但似乎并不合理，应以直接描述颜色的方式表达为宜。参见秦大树：《试论翠蓝釉瓷器的产生，发展与传播》，《文物季刊》1999年第3期，第59－67页。另见秦大树：《元明翠蓝釉瓷器探析》，载现代科技考古研讨会文集编委会编《考古文物与现代科技》，北京：人民出版社，2001，第86－98页。

⑤ 秦大树：《磁州窑的特点及考古研究》，载张晓燕、张国英主编《磁州窑与吉州窑文化传承交流之研究：第五届国际磁州窑论坛文集》，北京：文物出版社，2020，第141－165页。

体，使花纹具有浮雕的感觉[1]。因此，这些仍是磁州窑具有特色的典型产品装饰技法。

从以上所列瓷器种类看，磁州窑的典型瓷器有如下特点：

1. 白化妆瓷是所有磁州窑类型瓷器的基础，从窑址发掘情况看，白化妆瓷在所有产品中占了绝大多数，是磁州窑的主流产品。

2. 在白化妆瓷之上，磁州窑的窑工们发展了各种装饰技法，从类别上可以分为：（1）胎面装饰（包括化妆土），计有划花、刻花、印花、剔花等。（2）胎体装饰，包括模制、模印等。（3）彩绘装饰，如白地黑花、白釉绘划花、白地黑花加棕彩等。（4）釉上装饰，如白釉绿彩、酱彩、红绿彩等。（5）彩釉装饰，主要指低温彩釉，如绿釉、黄釉、黄绿釉和翠蓝釉等。这些装饰技法可谓是继承和发展了南北方众多窑场之所长，包罗万象，丰富多彩。

3. 磁州窑产品以白釉瓷器为主，还有黑釉、棕黄釉、低温彩釉。各类产品都有一个特点，即将化妆白瓷的装饰技法移植于其他各种釉色的瓷器之上。如在黑釉上也采用了划、刻、剔、加彩和彩绘等方法，使宋元时期的黑釉瓷器在汉唐以来的基础上有了一个飞跃的进步，达到了历史上的高峰时期。同样，白釉瓷器上的各种装饰技法都同步移植了棕黄釉、绿釉、黄釉、翠蓝釉等具有透明性的彩釉瓷器中，使得磁州窑表现出装饰异常丰富的特色。

4. 自从北宋中后期磁州窑开创了釉下彩绘的白地黑花装饰以后，釉下黑彩绘画装饰成为磁州窑最主要和最具特色的装饰，并产生了巨大的影响，特别是

明清时期，甚至成为了唯一的装饰。直到晚清时期，当青花瓷在全国各地普遍烧造之际，磁州窑也曾生产过青花瓷器[2]。

磁州窑在古代文献记载的宋元时期的著名窑场中独具风格和特色。以施化妆土为特色的粗瓷细作的工艺，丰富了陶瓷的装饰效果，也赋予了这些窑场以极强的生命力。因此，在一段历史时期内，在北方地区，甚至南方的部分地区形成了一大批以白化妆瓷为主要产品的窑场。同时，在化妆土上施加的各种装饰，尤其是磁州窑开创的釉下彩绘、釉上彩绘和彩釉装饰，形成一种黑白对比强烈、色彩鲜艳的明快、生动的装饰效果。以这种强烈的反差效果为手段，采用极自由潇洒的画风来表现民间喜闻乐见的通俗题材，形成了磁州窑特有的质朴、洒脱、明快、豪放的特色，使其深受人们的喜爱，成为一代名窑。

二、磁州窑的孕育发展与生产过程

（一）磁州窑的历史底蕴

古磁州所属的冀南豫北地区是中华文明孕育和早期发展时期的核心区域。不论是新石器时代还是夏商周时期，这里都创造出了辉煌的文明。陶瓷作为最重要的一类物质文明载体，在此区一直有着引人瞩目的生产历史。在距今8000年至7600年的新石器时代早期，这里出现了磁山文化，表现出高度的制陶工艺，以陶支脚和筒形的陶盂组成了最早的成套陶炊具[3]。新石器时代晚期这里则是仰韶文化后冈类型的核心地区[4]，后冈、石北口、下潘汪等遗址都表现出了高

① 秦大树：《试论磁州窑的民窑特色》，《文物春秋》1994年第3期，第38—46页，转51页。

② 郝良真：《近代磁州窑》，北京：科学出版社，2010，第17—36页。

③ 乔登云、刘勇：《磁山文化》，石家庄：花山文艺出版社，2006。

④ 郭济桥：《后冈一期文化研究综述》，《文物春秋》1997年第3期，第41—45页。丁清贤：《仰韶文化后冈类型的来龙去脉》，《中原文物》1983年第3期，第33—38页。

度发达的制陶水平①。以磁县下七垣、临城补要村等遗址为代表的先商文化②保持了这种高水平的制陶技艺③，成为商人走向强盛的基础。商代，在紧邻古磁州的安阳殷墟制作出了硬质的模制白陶器，代表了商代最高的制陶水平。

西周以后，这一区域的制陶业进入了平稳发展时期或低谷时期，此区发现较多的南方地区输入的原始青瓷④，本地的陶瓷器乏善可陈。西汉时期，北方地区最具特色的绿釉釉陶的生产中心在长安、洛阳一线，冀南豫北地区发现较少⑤。从东汉开始，低温铅绿釉陶走向衰落，仅生产少量棕黄釉或酱釉的器物。直到北魏后期低温釉才逐渐恢复起来，至东魏北齐时期进一步发展、兴盛，形成以米黄釉为特色的新的时代风格。东魏、北齐时期以邺城（今临漳）为中心形成的米黄釉釉陶生产中心，在全国独占鳌头，这里再次成为北方地区乃至全国的陶瓷生产中心区⑥。

以上概括的冀南、豫北地区的上古时期到南北朝时期的陶器生产历史，我们可以看到，这个区域一直保持着很高的，甚至是顶级的制陶水平，使得这里的先民们对使用随处可见的自然界的泥土原料，经过加工和焙烧以后，制作出坚硬器具的过程有了较充分的认识。陶瓷器的生产，是人类利用火对泥土加热焙烧的化学反应，将一种具有天然属性的物质，改变成另一种适合人类使用的物质的化腐朽为神奇的创造性活动。冀南地区长期的陶器生产，使先民们对这一过程有了充分的了解和认知，并有了深厚的技术积淀。尽管把后世的磁州窑与数千年前的磁山文化、仰韶文化相联系，会让人感到有些牵强⑦，但不可否认的是，这种持续的、不断提高技艺的人工改造物质自然属性的生产过程，为人们认识和了解自然，构建征服自然的意愿，努力改善生活建立了思想观念，积累了工艺技术基础。因此，我们在追溯磁州窑的历史渊源和工艺基础时，上推到当地早期的陶器生产是具有合理性的。

东汉晚期，成熟瓷器率先在浙东的曹娥江流域创制。此后的数百年，瓷器的生产中心一直集中在

① 中国社会科学院考古研究所安阳发掘队：《1971年安阳后冈遗址发掘简报》，《考古》1972年第3期，第14—25页转66—68页。中国社会科学院考古研究所安阳发掘队：《1972年春安阳后冈遗址发掘简报》，《考古》1972年第5期，第8—19页转第65—67页。河北省文物研究所，邯郸地区文物管理所：《永年县石北口遗址发掘报告》，载河北省文物研究所编《河北省考古文集》，北京：东方出版社，1998，第46—105页。河北省文物管理处：《磁县下潘汪遗址发掘报告》，《考古学报》1975年第1期，第185—214页。

② 北京大学等：《1957年邯郸发掘简报》，《考古》1959年第10期，第531—536页转第588页。河北省文物管理处：《磁县下七垣遗址发掘报告》，《考古学报》1979年第2期，第185—214页转第273—278页。河北省文物管理处：《磁县界段营发掘简报》，《考古》1976年第6期，第356—363页转第412—413页。北京大学考古文博学院等：《河北临城县补要村遗址北区发掘简报》，《考古》2011年第3期，第3—15页；北京大学考古文博学院等：《河北临城县补要村遗址南区发掘简报》，《考古》2011年第3期，第16—29页。

③ 邹衡：《夏商周考古学论文集》，北京：文物出版社，1980，第95—182页。李伯谦：《先商文化探索》，载本书编写组：《庆祝苏秉琦考古五十五年论文集》，北京：文物出版社，1989，第280—290页。

④ 汤毓赟：《从北方原始瓷出土情况看南北方文化交流》，《中原文物》2012年第1期，第12—25页，转76页。袁瑗：《北方地区出土西周原始瓷研究》，吉林大学硕士学位论文，2016年。

⑤ 张鸿亮：《中原地区出土西汉原始青瓷相关问题》，《华夏考古》2021年第5期，第68—73页。

⑥ 李江：《河北省临漳曹村窑址初探与试掘简报》。陈岳等：《临漳曹村窑址出土样品初步研究》，载赵学锋主编《磁州窑面向国际》，石家庄：河北美术出版社，2011，第58—65页，第66—70页。河北省文物研究所：《河北临漳县邺南城倪辛庄窑址调查报告》，《文物春秋》2018年第2期，第30—39页。黄信：《河北邺城地区陶瓷窑址调查报告》，《文物世界》2018年第1期，第45—53页。

⑦ 王舒冰：《磁山文化和磁州窑》《河北陶瓷》1988年第2期，第37—39页。

南方地区。直到北朝末期，瓷器生产的技艺才传播到北方地区[1]，北朝末到隋代的时期北方出现了四个瓷器生产中心：河南巩义，河南相州窑及邺城周边地区的诸窑场，位于河北内丘、临城的邢窑，山东淄博到枣庄一带的窑场[2]。

地近北魏都城洛阳的河南巩义窑，这里的生产有可能早到北魏的最后数年，但生产规模很小，只有白河窑一处在生产[3]，随着北魏灭亡旋即停烧了，直到隋代洛阳又一次成为统治中心时才再次生产。巩义窑的创烧时间学界仍有争议，相关的分期研究仍需进一步深入，才能确定其生产时间是否可以早到北魏末[4]。

以东魏北齐都城邺城为核心的瓷器生产区域，包括了邺城南部的相州地区和邺城周边的众多窑场[5]。生产时间可以前推到东魏，北齐时已具有相当的生产规模和水平。这里有可能是北方地区最早的瓷器生产中心，有多达几十处窑场在生产[6]，产品有青瓷和米黄釉陶器[7]，可以肯定地说，这里是最早创烧白瓷的地点之一。关于这个生产区的命名目前还没有统一的称谓，可以用传统的相州窑来代表。在古磁州境内临水、贾壁等地发现的北朝到隋代零星分布的几处窑场，都属于这个中心的制瓷地点。通过对相州窑的考

古学研究，可知相州窑在北朝末期创烧以后，迅速达到了生产的高峰时期，以青瓷和釉陶为主要产品；隋代时保持了相当高的工艺水平，产品质量大体等同于巩义窑和邢窑，白瓷已经完全成熟，相州窑、巩义窑和邢窑共同创造了隋代辉煌的白瓷生产成就。但进入初唐时期，相州窑就迅速衰亡了[8]，古磁州境内分布的几处青瓷窑址的时代脉络与相州窑相同。尽管这段历史十分短暂，但标志着这个区域完成了从陶到瓷的转变，为唐末五代出现的磁州窑积淀了工艺基础。然而，这段时间的产品与后来出现的以化妆白瓷为主流产品的磁州窑属于不同的工艺技术体系。因此将隋代认定为磁州窑的创烧时间并不合理，特别是从初唐停烧到唐末再次兴起，相隔了300年左右的时间，二者没有传承关系，磁州窑的历史不能上推到隋代。但古磁州境内的早期制瓷业对磁州窑的创烧和发展贡献了工艺基础。

（二）宋元时期磁州窑的兴衰历史

宋元时期是磁州窑创烧发展的时期，创造了辉煌的历史，也是古代谈瓷文献所说磁州窑的主要生产时期。通过对观台窑址和冶子窑址的多次考古发掘[9]和分期研究[10]，我们可以将宋元时期磁州窑的生产历

① 中国社会科学院考古研究所洛阳汉魏故城队：《河南洛阳市北魏洛阳城津阳门内大道遗址发掘简报》，《考古》2009 年第 10 期，第 49 — 58 页。刘涛，钱国祥：《北朝的釉陶、青瓷和白瓷——兼论白瓷起源》，载中国古陶瓷研究会编《中国古陶瓷研究第 15 辑》，北京：紫禁城出版社，2009，第 41 — 59 页。

② 也有学者从工艺技术的角度将北朝的瓷器产区分为徐兖、青齐、相州三区。张勇盛：《北朝时期窑业技术的初步研究》，《东南文化》2016 年第 2 期，第 91—102 页。

③ 河南省文物考古研究所等：《河南巩义市白河窑遗址发掘简报》，《华夏考古》2011 年第 1 期，第 7 — 21 页。

④ 李鑫：《早期白瓷的考古学研究》，北京大学博士学位论文，2017。

⑤ 秦大树：《河北省磁县观兵台古瓷窑遗址调查》，《文物》1990 年 4 期，第 2336 页。

⑥ 李江：《河北省临漳曹村窑址初探与试掘简报》，陈岳等：《临漳曹村窑址出土样品初步研究》，载赵学锋主编《磁州窑面向国际》，石家庄：河北美术出版社，2011，第 5865 页，第 6670 页。河北省文物研究所：《河北临漳县邺南城倪辛庄窑址调查报告》，《文物春秋》2018 年第 2 期，第 3039 页。黄信：《河北邺城地区陶瓷窑址调查报告》，《文物世界》2018 年第 1 期，第 4553 页。

⑦ 王建保等：《河北临漳县曹村窑址考察报告》，《华夏考古》2014 年第 1 期，第 24 — 29 页。

⑧ 李鑫：《早期白瓷的考古学研究》，北京大学博士学位论文，2017。

⑨ 北京大学考古学系等：《观台磁州窑址》，北京：文物出版社，1997。

⑩ 秦大树：《磁州窑的分期研究》，北京大学硕士学位论文，1988。前揭《观台磁州窑址》，第 462 — 536 页

史分为创烧、发展、繁荣、衰落四个阶段[1]。此时的磁州窑是以漳河流域窑场为代表的。滏阳河流域的窑场大约要到北宋末到金代才开始生产[2]。

1.磁州窑的初创时期

唐末五代到北宋前期是磁州窑的初创阶段，时代从9世纪末到11世纪中叶[3]。这个时期只有漳河流域的少量窑场在生产。可以确知的有观台和冶子窑址，且生产规模不大。此时磁州窑主要生产最基本的日常生活用品，包括碗、盘、罐、瓶、香炉等以及各种小型器物[4]。特点是器类较少，器物的个体都比较小。此时素面的化妆白瓷是最主要的产品，在同期的产品中占比超过90%，另有黑釉瓷和少量的棕黄釉瓷。其釉色都非常晶莹光亮，正烧的白釉大部分略泛黄绿色，黑釉一般都漆黑光亮，这是以柴为燃料，采用裸烧法装烧器物的表征。只有少量精品器物采用匣钵装烧[5]。胎色一般较深，呈灰、灰褐或灰黑色，胎质一般较细腻，烧结较坚致。这一时期带装饰的器物很少，总体上不及5%；装饰技法主要有划花、刻花、印花等学自定窑、越窑的装饰技法；还有北方地区化妆白瓷上流行的白釉绿彩[6]、白釉酱彩、黑釉白边装饰等；新开创了仿金银器装饰的珍珠地划花[7]、白釉剔花[8]。纹饰的图案主要有半圆形团花、云头形团花、菊瓣纹、连续忍冬纹等，大多仿金银器上流行的纹样。

自晚唐以来，白瓷生产开始分野，不施化妆土的精细白瓷和化妆白瓷根据自身的特点开创了不同的装饰技法。其中精细白瓷以邢窑、定窑为代表，创烧的时间早于磁州窑[9]，而化妆白瓷则以磁州窑为代表。实际上，北方地区有许多以化妆白瓷为主要产品的窑场，有些创烧的时间比磁州窑还早，有些装饰技法，如白釉绿彩、白釉酱彩和珍珠地划花等装饰的创制还要早于或与磁州窑同时[10]。然而，这些窑场并未被古代的谈瓷文献所记载。磁州窑由于明代在北方地

① 秦大树：《简论观台窑的兴衰史》，《文物春秋》中国古陶瓷学术讨论会特刊，1997，第81—92页。

② 赵立春：《彭城磁州窑大遗址保护调查》，北京：九州出版社，2010。

③ 1987年发掘观台窑址的第一期，分为前后段，时代断为第一期前段：10世纪后半叶，大体从五代末、北宋初年到真宗朝以前，包括太祖、太宗两朝，不早于后周（10世纪中期—至道三年，997年）。第一期后段：11世纪前半叶，即真宗朝到仁宗庆历年间（998—1048）；第一期对应磁州窑的初创时期。2015年发掘冶子窑址，在最早的地层中发现了早于观台窑第一期前段的器物，特别是出土了一些不施化妆土的饼足淡青釉碗（发掘者称为青白釉），发掘者将地层定为唐、五代时期，并特别强调了发现了唐代的地层，但未说明是唐代的哪个时期。同类的淡青釉器物在唐末五代时期的耀州窑和定窑均有生产，由于地层中出土的主要器物均为五代时期的产品，因此最早地层的上限可早到唐末时期（9世纪末期）。据此，磁州窑的初创时期可以上溯到唐末。参见前揭《磁州窑冶子窑址》，第189—190页。

④ 这类小型器的功用，一部分是玩具，一部分是明器。在距观台窑不远的安阳发现了一座北宋初期的土洞墓，其中就出土了许多这种小型器物。见中国科学院考古所安阳工作队：《河南安阳西郊唐、宋墓的发掘》，《考古》1959年第5期，第242页。

⑤ 秦大树：《磁州窑研究》，北京大学博士学位论文，1997，图十四。

⑥ 秦大树：《论磁州窑的白釉绿彩装饰及其源流》，载乔登云主编《追溯与探索——纪念邯郸市文物保护研究所成立四十五周年学术研讨会文集》，北京：科学出版社，2007，第317—331页。

⑦ 秦大树，贾宁：《论珍珠地划花装饰瓷器》，载北京艺术博物馆编《中国古瓷窑大系·中国登封窑》，北京：中国华侨出版社，2014，第256—287页。

⑧ 秦大树：《白釉剔花装饰的产生、发展及相关问题》，《文物》2001年第11期，第67—84页。

⑨ 河北省文物考古研究院等：《邢窑》，北京：科学出版社，2021。北京大学考古文博学院等：《河北曲阳北镇定窑遗址发掘简报》，《文物》2021年第1期，第27—56页。

⑩ 如河南登封窑，新密西关窑，鲁山段店窑，鹤壁集窑以及山西的以泽州窑为代表的部分窑场。

区的重要地位，被明代的文献记录了下来，成为唯一列入宋代名窑的以化妆白瓷为主要产品的窑场①。因此，我们应该把磁州窑视为北方广大地区分布的化妆白瓷窑场的一个代表。在磁州窑的研究中涉及的地域范围很广，关联的窑址众多。这是磁州窑研究中不容忽视的一个重要特点。

数十年的陶瓷考古工作使我们认识到宋元时期北方地区生产化妆白瓷的窑址数以百计，如孕育了天青色汝瓷的宝丰清凉寺窑址②和钧窑的核心产地禹州神垕的诸窑址③，都生产了相当数量的化妆白瓷。化妆白瓷是当时北方的主流产品，即便是精细白瓷的代表性窑场定窑，在其生产历史中也一直在烧制化妆白瓷④。而磁州窑则在北宋后期到金代的阶段大量生产不施化妆土的精细白瓷。精细白瓷和化妆白瓷二者互相渗透，以便在商品生产中满足不同用户的需求。因此，我们可以将北方地区宋元时期的窑业划分为几个区域：①北宋时最发达的河南中西部地区，代表窑场有新密西关窑、登封曲河窑、鲁山段店窑等，以往都被称为磁州窑系的窑场。②太行山南段东南麓地区，包括了河北磁州窑，豫北的安阳地区；河南鹤壁窑，包括了至少四十几处窑址；河南焦作以当阳峪窑为代表的生产中心，包括了80余处窑址。③山西地区，这个区域至少有上百处窑址，尽管山西的窑业又可以分为若干个小区，但主流产品大都是化妆白瓷，产品也都被列入磁州窑系。④山东的淄博到枣庄一带的诸

窑场⑤。因此，磁州窑是晚唐时期瓷器使用普及，制瓷业大发展期间出现的一个制瓷中心，早期的产品质量不高，生产地位也并不重要。

2. 磁州窑的发展成熟时期

北宋中期的神宗朝到金代海陵王朝之前（1068—1148），磁州窑进入了发展时期，也是磁州窑典型风格的形成时期。

这时期的器型变得丰富，除了碗、盘等日用器，开始出现一些件头较大的器物，一般制作工整，造型柔和优美。其中花口长颈瓶、梅瓶、筒形罐、深腹钵等都是磁州窑所特有的器型，名传遐迩的磁州窑瓷枕这一阶段在数量和种类上也大大增加了。釉色仍以白釉、黑釉为主，开始出现低温绿釉和黄绿琉璃器，棕黄釉瓷器消失了。这一时期观台窑烧制了仿定窑的精细白瓷和细黑瓷。白釉呈直白色或粉白色，十分光润。黑釉瓷器大多釉色不纯，在黑色与酱色相交处常有兔毫状结晶，十分流行在黑釉上洒斑花彩料的黑釉酱彩装饰。这个阶段是黑釉器发展的一个高峰。器物的胎色变浅，呈灰白、灰褐或浅褐色，火候较高，细腻坚致。这个阶段是观台窑瓷器质量最精良的阶段。

本期工艺技术最重要的进步是开始使用煤为燃料，这在当时是领先的技术，北方地区只有少量生产水平最高的窑场在北宋时期开始使用煤为燃料。装烧采用匣钵装烧，使用分体的细小三角形支钉间隔。因此，在碗、盘的内底部都有三至五枚细小的纵向支钉

① 有关磁州窑的最早记述，见于明洪武年间曹昭所撰的《格古要论》上。见曹昭：《格古要论》，卷中，《古窑器论》，文渊阁《四库全书》，中国台北：商务印书馆，1983，第871册，第107页。明代文献还有嘉靖年间的《宋氏家规部》卷之四，"窑类"条等。见宋诩：《宋氏家规部》，北京：书目文献出版社，1988，第51页。

② 河南省文物考古研究院、宝丰汝窑博物馆：《宝丰清凉寺窑》，北京：科学出版社，2020，第59－60页。

③ 北京大学中国考古学研究中心等：《河南省禹州市神垕镇刘家门钧窑遗址发掘简报》，《文物》2003年第11期，第26－52页。

④ 河北省文物研究所、北京大学考古文博学院、曲阳县定窑遗址文保所：《河北曲阳县涧磁岭定窑遗址A区发掘简报》，《考古》2014年第2期，第3－25页。

⑤ 秦大树：《宋元时期制瓷业研究的新视角——区域性和阶段性研究》，载罗覃编（Thomas Lawton Ed.）：《全球化背景下的考古学新前沿：解读中国古代传统》，（美国）AMS艺术、科学和人文基金会（AMS Foundation for the Art, Sciences and Humanities），第203－217页，2008，Washington, DC.

痕，精致的薄胎器物还使用漏斗形匣钵单烧法和支圈覆烧法。胎釉原料的选择、加工配制都比以前大大进步[1]，与当时的名窑，如定窑、汝窑的工艺大体在同一水平上。

此期的装饰技法有了重大的发展。早期流行的白釉绿彩和珍珠地划花在本期逐渐减少并消失，白釉酱彩和白釉剔花先后成为这阶段流行的装饰技法。新出现了白釉篦地划花、白釉黑剔花、白地黑花、白釉绘划花和半浮雕式的模印花，以及黑釉凸线纹、黑釉酱彩、绿釉剔花、绿釉黑剔花等。这些技法逐渐成为磁州窑典型的装饰，是磁州窑独特风格的重要体现。磁州窑发展时期的一个重要的技术进步是被称为"斑花"的铁矿石彩料应用与发展成熟。北宋中后期开始以斑花彩料与其他原料配制成了黑色化妆土，创制了具有最强烈反差的白釉黑剔花装饰[2]。特别是用斑花彩料调制成了很稀的彩浆，用毛笔在釉下绘制纹样，开创了白地黑花这一磁州窑的典型装饰，这是全国最早的釉下彩绘装饰，以瓷面作纸面，成功地将中国的书法和绘画艺术应用到瓷器装饰当中，开创了瓷器装饰的新纪元[3]。

这一时期磁州窑生产的精细白瓷和细黑瓷均精工制造，胎体薄俏，造型挺拔。仿定白瓷与北宋中期的定窑瓷器风格十分相似，并将这种风格一直保持到金代，造型也与景德镇青白瓷相似；细黑瓷则主要是茶器，是当时最高档的器具，黑釉酱彩的工艺也学自定窑[4]，兔毫盏出现的时间甚至早于建窑。这类器物的生产体现了磁州窑不拘于一种风格，博采众家之长，

不断地向周围窑场学习先进的工艺技术，并用较简便的方法来生产社会上流行器物的特色[5]。同时，磁州窑也在当时社会风习的影响下，力图生产一些精致的产品，使本身的产品也拉开档次，以适应不同阶层的需求，体现了商品生产的特征。

北宋晚期，陶瓷生产出现了色彩纷呈的局面，商品生产的发展及商品竞争的法则，促使各地的窑场不仅学习其他窑的先进技术，还大力发展自己的特点。尤其是北宋末年的徽宗朝，对玩物陈设大力追求，刺激了各地窑场生产精品，创制新的装饰工艺。当时定窑、耀州窑、景德镇等窑均十分兴盛，而汝窑、钧窑等精美的瓷器也已创始并迅速发展。正是在这一阶段，磁州窑逐渐形成自己独特的风格。由于胎色变浅，此时白釉剔花的效果已不如早期那样反差强烈，但却产生了一种素雅的效果。同时，磁州窑又创造了黑剔花，黑白分明，配合此时开始流行的大朵的花朵结合缠枝花图案，造成一种既工整又不拘谨，既明快生动又朴素典雅的效果，极具魅力。黑剔花装饰的制作极费工本，但当时的风习造就了为得精品而不惜工本的时尚，使其得以流行。受黑剔花强烈黑白对比的启发，磁州窑又创造了白地黑花，成功地将中国的绘画和书法艺术应用到瓷器装饰上，构成了磁州窑独特的风格和魅力[6]。在生产精品方面，磁州窑采取了两种方式，一种是仿当时备受士人欣赏的定窑、景德镇窑瓷器；另一种则是在本身的特色产品上努力开发精品。磁州窑在这两方面都是成功的。

这时磁州窑的生产规模和影响也扩大了，以观

① 陈尧成、郭演仪、刘立忠：《磁州窑黑褐彩瓷用原料研究》，《陶瓷学报》1988年第1期，第29—36页。陈尧成、郭演仪、刘立忠：《历代磁州窑黑褐色彩瓷的研究》，《硅酸盐通报》1988年第3期，第1—10页。
② 蓑丰：《白釉釉下黑彩划花的磁州窑瓷器》，《上海博物馆集刊第6期》，上海：上海古籍出版社，1992，第273—285页。
③ 秦大树：《磁州窑白地黑花装饰的产生与发展》，《文物》1994年10期，第48—55页转第42页。
④ 秦大树：《论磁州窑与定窑的联系和相互影响》，《故宫博物院院刊》1999年第4期，第43—56页。
⑤ 秦大树：《试论磁州窑的民窑特色》，《文物春秋》1994年第3期，第38—46转第51页。
⑥ 刘涛：《"磁州窑类型"几种瓷器的年代与产地》，《故宫博物院院刊》2003年第2期，第56—69页。

台为中心，又出现了东艾口、观兵台等一系列窑场。从这个时期起，磁州窑开始对周边地区的窑场产生影响。河南、山东、山西的许多窑场都在用磁州窑首创的工艺生产，如白釉篦地划花、黑剔花、白地黑花等。尽管磁州窑在这一时期已形成独特风格，但仍然是一个产品主要面向民众的窑场，其地位无法与地近东、西两京的河南中西部地区窑场相比。

1987 年发掘观台窑址时，清理了北宋末期的属于一个窑主的 4 座连为一组的烧瓷窑炉，一座体量很大的釉灰窑，直径近 9 米的专门加工化妆土的大型石碾槽，还在窑址周边地区发现了漏泽园墓葬。可以看到，在观台窑这一面积达 50 万平方米的巨大窑场中，有许多由一个窑户和若干个坯户组成的生产组合，也就是古代文献中所说的一个"窑"。同时，窑场中有专门配釉和加工化妆土的作坊，并且在窑场中存在着雇工生产的现象 ①。这些现象表明当时的观台窑是一种常年生产、规模宏大、分工明确的商品化生产的制瓷中心。在宋金时期，具有这种生产规模和商品化程度的窑场还有河北曲阳定窑、河南宝丰清凉寺窑、景德镇湖田窑等，都是当时工艺最先进，产品质量最精良的生产中心。这些窑场具有发达的商品生产模式，较高水平的生产组织形式，也是晚唐到宋代以来商品生产大发展的体现。与之对应的则有河南禹州神垕镇

西南部零散分布的许多规模不大的小窑场 ②，江西抚州市金溪窑等 ③。其具有在不大的区域内由一个生产组合完成从采掘、备料、成形到烧成的制瓷全过程的低效率的生产方式，有些还明确地具有农忙种田、闲时生产瓷器的特点 ④。因此，磁州窑在这个时期的生产模式和工艺水平都居全国领先地位。

3. 磁州窑的繁荣时期

从金代海陵王天德元年（1149）开始到蒙古军队占领磁州的金兴定三年(1219)，是磁州窑的繁荣时期，在产品的多样、装饰的丰富和纹饰的复杂等方面都达到了鼎盛。在整个金代制瓷业的产业配置中，磁州窑也居于最重要的地位 ⑤。现以观台窑为例检视其具体表现为：

第一，观台窑在产品种类上有了重要发展。除了日常生活用瓷以外，大量出现艺术性陈设用瓷、宗教用瓷和建筑用瓷。器物的种类和型式的数量达到了巅峰 ⑥，具有典型磁州窑风格的梅瓶、花口长颈瓶和瓷枕的数量增加，占了很大比例。器物的形态多姿多彩，总体风格变得坚挺棱角分明，又不乏曲线之美，显得挺拔而秀美。

第二，此期釉色种类丰富多样。器物的釉色组合仍以白釉为主，低温釉的绿釉、黄釉瓷和黄绿琉璃大量出现，居总数的第二位。黑瓷的比例下降，釉色

① 秦大树：《磁州窑的生产方式初探——考古发现的窑业遗迹所体现的生产模式》，载中国古陶瓷学会编《中国古陶瓷研究第 16 辑》，北京：紫禁城出版社，2010，第 117 — 136 页。

② 秦大树、赵文军：《钧窑研究、发掘与分期新论》，载河南省文物考古研究所等编《2005 中国禹州钧窑学术研讨会论文集》，郑州：大象出版社，2007，第 7 — 38 页。

③ 陈定荣、李宗宏：《金溪县的两处古瓷窑》，《江西历史文物》1982 年第 4 期，第 25 — 30 页。赖祖龙、何财山、吴泉辉：《金溪县窑里宋元窑址》，《中国考古学年鉴·2009》，北京：文物出版社，2010，第 230 页。

④ 南宋时期心学的代表人物陆九渊为金溪人，他在《与张元鼎》一文中描写了本地陶瓷器生产者的情况："金溪陶户，大抵皆农民于农隙时为之，事体与番阳镇中甚相悬绝。今时农民率多穷困，农业利薄，其来久矣。当其隙时，藉他业以相补助者，殆不止此。邦君不能补其不足，助其不给，而又征其自补助之业，是奚可哉？"说明了农忙种田，农闲生产瓷的生产模式。陆九渊：《与张元鼎》，《陆九渊集》卷一〇，北京：中华书局，1980，第 132 页。

⑤ 秦大树：《金代磁州窑的繁荣及其原因探讨》，载北京大学考古文博学院编《考古学研究（五）：庆祝邹衡先生七十五寿辰暨从事考古研究五十年论文集》，北京：科学出版社，2003，第 990 — 1012 页。

⑥ 秦大树：《磁州窑研究》，北京大学博士学位论文，1997，图十三。

不纯,质量远不如第一期的。新出现了釉上红绿彩瓷,在器物群中仿定器和彩釉瓷、彩绘瓷的比例增加。白釉一般呈直白或卵白色,很少开片,发半木光,绝大部分器物施半釉。胎色变深,主要呈棕灰、棕褐和灰褐色,胎质相比北宋变粗。总体特征是釉色多样,但质量不高。

第三,磁州窑的装饰技法以这一时期最全面丰富,带装饰的器物比例大增。最流行的是白釉箆地划花,其他如白地黑花、白釉绘划花、浮雕式的模印花、模制器物都很流行。此外还有白釉剔花、白釉黑剔花、白釉酱彩、绿釉划花、绿釉剔花、绿釉黑花、绿釉黑剔花和黑釉凸线纹、红绿彩绘[1]等。特别是磁州窑最典型的装饰白地黑花、白釉绘划花在本期发展成熟,绘法流畅,呈色稳定。

第四,金代的纹饰图案也最丰富。流畅的缠枝花卉,丰满的折枝花卉分别应用在不同造型和尺寸的器物上,放弃了仿金银器的装饰,形成了适合瓷器的装饰风格。边饰则流行连续回纹、潇洒流畅的卷草纹、连续忍冬纹等,时代特征明显。流行福寿题材和其他吉祥含义的纹饰,如以"福"字、小鹿(寓意禄)和寿星及蕉叶、龟、鹤表示福禄寿题材。此外,还有大量的诗、词、吉语等书法题材,特别是反映各种日常生活场景的婴戏纹,表现求子寓意,在同期各地的窑场中独有;还有动物纹饰,如鱼、兔、鹿、鹤、鸭、花草蜂蝶、绶带狮子和龙、凤等。其内容、形式的广泛和丰富为其他时期所不及,也是同期其他窑口所不可比拟的。

第五,工艺技术继续进步。装烧方法主要有三角形支钉叠烧、匣钵单烧、覆烧、器物搭烧。以煤为燃料的技术普及成熟,使窑炉的窑室面积增大,窑温相应提高,烧成效率提高。本期还出土了数量众多、形态各异的各种模范,表明模制成形技术的发展和成熟。

综上,磁州窑在金代中后期从造型的丰富,釉色、装饰技法和纹样的多样等诸方面都达到了全面繁荣,表现出多姿多彩的总体面貌。以煤为燃料的烧成技术、模制成形技术和对器物装饰的各种技术均发展成熟,精美的黑剔花刻填、大个的龙纹大盆、花口长颈瓶等杰作屡见不鲜。尽管从胎、釉的情况看,瓷器的质量有所下降,不及北宋中后期,但从各方面的丰富多样上看,本期的面貌给人一种目不暇接的繁荣兴旺景象。磁州窑那种潇洒飘逸、自由豪放,并带有浓郁民间气息的典型风格已渗透到各种产品当中,这种独特的风格达到了繁荣的顶峰[2]。

金海陵王迁都中都(今北京西南部),大力推行汉化政策,北方地区的制瓷业得到了全面的繁荣发展。原来依托北宋东、西两京汴梁和洛阳形成的河南中西部地区的瓷器生产区,曾经是全国制瓷业的中心,这时地位迅速衰落[3]。而地近金中都,并有便利交通的定窑和磁州窑成为金代的制瓷业中心。磁州窑的瓷器较多地在金中都被发现,精美的龙纹梅瓶和大盆,高规格的建筑脊饰等,表明这时磁州窑的部分产品是用于贡御的。磁州窑在金王朝制瓷业的配置中具有很高的地位。其取代了北宋时期河南中西部地区的地位,成为金代北方地区乃至全国制瓷业中最重要的中心之一。这是磁州窑生产历史上第一个辉煌时期,体现了手工业中心对政治、经济、文化中心的依附性和随其转移的特点。

4.磁州窑的衰落时期

① 秦大树、马忠理:《论红绿彩瓷器》,《文物》1997年第11期,第48—63页。
② 秦大树:《宋元时期北方地区陶瓷手工业装饰工艺的成就及其所反映的问题》,载北京大学中国传统文化研究中心编《文化的馈赠—汉学研究国际会议论文集》,北京:北京大学出版社,2000,第315—334页。
③ 秦大树:《宋元明考古》十,《宋元明制瓷业手工业的考古发现与研究》,北京:文物出版社,2004,第275—295页。

金兴定三年（1219），蒙古军队占领了磁州[1]，这一地区经历了几十年的世侯统治，社会经济遭到重创，直至漳河流域停止瓷器生产的元末明初时期，这是磁州窑生产的衰落时期，或曰低谷时期。

这一时期，金代后期丰富多彩的品种重新变得单调了，仍然只生产碗、盘类生活用瓷，其中又以粗厚笨重的大碗为多。釉色以白釉、黑釉占了绝大多数，新出现了翠蓝釉和钧釉器。钧釉器在元代后期有较大量的生产。这个时期有一个重要的变化，即蒙古时期到元代前期白瓷极多，但到了元代后期(14世纪)，黑瓷则大为增加，进入了第二次生产高峰，数量破天荒地超过了白瓷。白釉一般明显泛黄色，发木光或半木光，胎体厚重，胎色呈灰褐或褐色，胎质较粗，但十分坚硬。仿定窑的精细白瓷停烧了。黑釉在元代后期很发达，制作精致，非常光亮，但釉色很杂，从酱紫色、墨绿色到漆黑色都有，大部分都采用了黑釉酱彩或铁锈花的装饰。装烧开始采用石英砂堆支烧，在碗、盘的底部有五六块粉状的石英砂堆痕，在器物的修坯、挖足等方面制作极为草率，这是产品生产粗陋的表现。

此期的装饰也很单调，除了少量白釉划花外，绝大部分是白地黑花。元代后期则十分流行黑釉酱彩和铁锈花。纹饰图案出现两种趋势：（1）白地黑花装饰开始用于碗、盘和盆类等大宗器物，但图案变得简单而草率，一般用黑彩在碗、盘内画双环纹和草书文字，有少数简单的散草纹。这表明白地黑花装饰已从高档精品装饰转化为普通大宗产品上的装饰，同时纹饰图案衰落，是普及与衰落的同步体现。（2）在大件的瓶、罐、盆，特别是瓷枕上，流行白地黑花、白釉绘划花和白地黑花加棕彩的装饰。纹饰继承了金代流畅写实和丰富多样的题材，一方面较多地出现程式化的龙、凤和鱼藻纹[2]；另一方面则表现内容复杂的杂剧、历史故事题材和摹画大型山水人物画[3]，书写长篇诗词歌赋[4]。图案变得复杂繁缛，表现力也更强，但后一类纹样数量很少。元代的总体面貌表现出制作上的粗陋和草率。

尽管磁州窑在元代表现出产品质量的急剧下降，但产量却大大增加。漳河流域的各窑址在这一阶段的产品遗留最多，生产范围最大，又出现了南莲花、荣华寨、都党等窑址。观台窑址这一时期的范围至少比北宋时期扩大了一两倍[5]。以彭城为中心的窑场这时期也十分兴盛，尽管彭城未开展过大规模的考古工作，但在今彭城镇一带的很大范围内，遍布这个时期的瓷片，数量惊人。从对窑炉和装烧方法的研究可见，此期窑炉体积巨大，火候很高，特别强调产量，生产的规范化和分工合作也保持了高水平[6]。

同时，该时期磁州窑的产品运销范围迅速扩大，影响也更加广远。在对元大都居民区进行考古发掘

[1] 脱脱等撰《金史》卷十五《宣宗本纪》："（兴定三年十一月）己亥，大元兵徇彰德府。"北京：中华书局，1975，第348页。

[2] 马小青、李六存：《磁州窑四系瓶》，天津：天津古籍出版社，2004。

[3] 赵学锋：《磁州窑工匠画向文人画装饰演变初探》，载赵学锋主编《磁州窑装饰题材研究——第三次国际磁州窑论坛文集》，石家庄：河北美术出版社，2015，第3—10页。

[4] 王兴：《磁州窑诗词》，天津：天津古籍出版社，2004。马小青：《宋金元磁州窑瓷枕上的文字装饰及断代》，载赵学锋主编《磁州窑装饰题材研究——第三次国际磁州窑论坛文集》，石家庄：河北美术出版社，2015，第162—171页。

[5] 秦大树：《磁州窑研究》，北京大学博士学位论文，1997，第193—196页。

[6] 秦大树：《磁州窑窑炉研究及北方地区瓷窑发展的相关问题》，载北京大学考古学系编《考古学研究（四）》，北京：科学出版社，2000，第266—299页。

中，出土瓷片数万件，其中 40% 是磁州窑瓷器①。元代宫城和官衙中也曾出土许多磁州窑瓷器②。这表明磁州窑的瓷器成批供应大都，并为宫廷、官府和平民所广泛使用。磁州窑产品的流布也极其广远，北到西伯利亚③，南到长江以南的各地④。辽宁绥中沉船，出水了大批磁州窑器物，是批量外运的瓷器商品⑤。产量的增加和销路的扩大，二者互为因果。这时期磁州窑的产品还大量外销，韩国新安沉船⑥、菲律宾玉龙号沉船都有出水⑦。江苏太仓樊村泾元末明初的大型仓库遗址⑧、非洲的格迪古城遗址都出土了磁州窑的瓷器⑨。元武宗以后，观台窑的制瓷水平稍有回升，一些用匣钵单烧的黑釉器，釉色润泽，器物的拉坯、利坯都比较规整。但从整体看，漳河流域窑场呈现出明显衰落的现象，器类、釉色都十分单调，装饰简单、草率。有些窑场则变成以烧钧瓷为主。

蒙古军队攻占中原，给当地的生产秩序以沉重打击。整个北方制瓷业都呈现出衰落的景象，制品粗厚笨重，不讲究艺术的美。磁州窑也不例外，精致的定窑型瓷器停烧，颜色釉骤减，装饰草率简陋，产品的质量急剧下降。同时磁州窑在这时却产量大增，传输广远。造成这种现象的原因可能是南方瓷器的大量北运，强烈冲击了北方的精品市场，北方地区的诸窑场放弃了生产小件的精致产品，如定窑停止了生产细薄的白瓷⑩，耀州窑停止了生产艾青色刻花瓷⑪，磁州窑也停止了生产高端产品。这些窑场改生产主要供下层民众使用的日常用瓷，以及不适于远途运输，又无特别艺术要求的粗重的瓶、罈、罐、盆类器物。

因为磁州窑地近元大都的有利地理位置，丰富的资源和此前已形成的相当雄厚的制瓷基础，使磁州窑在元代可能成为向官府贡瓷的窑场，彭城生产的铭刻"内府"铭的梅瓶和罐就是代表⑫。只不过其与景德镇窑和龙泉窑有所分工，景德镇窑主要生产各种小件的

① 李德金、蒋忠义、关甲堃：《宋元彩绘瓷》，《景德镇陶瓷》中国古陶瓷研究专辑，(第二辑)，1984 年，第 199 — 206 页。

② 龙霄飞：《简析元大都遗址出土的元代瓷器》，《北京文博》2000 年第 3 期，第 63 — 67 页。宋蓉：《北京地区元代瓷器发现与研究述评》，《文物春秋》2014 年第 4 期，第 3 — 9 页。

③ 《C.B. 吉谢列夫通讯院士在北京所作的学术报告》，《考古》1960 年第 2 期，第 45 — 53 页转第 9 页。

④ 刘礼纯：《江西瑞昌宋墓出土磁州窑系瓷瓶》，《文物》1987 年第 8 期，第 89 — 90 页。这座墓的时代是南宋宝祐五年 (1257)，出土两件扒村窑的梅瓶。另外，在浙江永嘉发现一处银器窖藏，用一件磁州窑白地黑花大罐盛装。见金柏东：《浙江永嘉发现宋代窖藏银器》，《文物》1984 年第 5 期，第 82 — 85 页，转第 102 — 103 页。江西地区也曾多次发现磁州窑瓷器，如永新县旧城下窖藏出土绿釉黑花深腹钵。见杨后礼：《永新县发现元代瓷器》，《江西历史文物》1981 年第 2 期，第 45 — 47 页，转第 59 — 60 页。新干县城东宝塔山下出土元前期磁州窑白地黑花茶花纹罐。见杨后礼：《元代吉州窑瓷器探索》，《中国陶瓷》1982 年第 7 期，第 123 页。

⑤ 张威主编《绥中三道岗元代沉船》，北京：科学出版社，2001。

⑥ 高美京：《韩国新安沉船发现磁州瓷器及相关问题》，载赵学锋主编《磁州窑面向国际》，石家庄：河北美术出版社，2011，第 14 — 23 页。

⑦ Michael Flecker, "The Jade Dragon Wreck: Sabah, East Malaysia", The Mariner's Mirror, 98 — 1(2012),pp.9 — 29.

⑧ 苏州市考古研究所，太仓博物馆编《大元·仓：太仓樊村泾元代遗址出土瓷器精粹》，上海：上海古籍出版社，2018，第 120 — 121 页。

⑨ 刘岩、秦大树、齐里亚马·赫曼：《肯尼亚滨海省格迪古城遗址出土中国瓷器》，《文物》2012 年第 11 期，第 37 — 60 页。

⑩ 秦大树、高美京、李鑫：《定窑涧磁岭窑区发展阶段初探》，《考古》2014 年第 3 期，第 82 — 97 页。

⑪ 王云飞：《耀州窑青瓷的考古学研究》，北京大学博士学位论文，2023，第 303 — 305 页。

⑫ 1987 年发掘观台窑址，第四期地层中出土了一件黑釉划刻"内府"铭梅瓶残件，参见前揭《观台磁州窑址》，图版五〇，3；彩版由秦大树拍摄；另 1988 年 7 月彭城耐火材料厂出土一件白地黑花"内府"铭梅瓶。

精致产品，龙泉窑则主要生产茶酒花香器具及满足域外和漠北地区品味的产品，而磁州窑则主要生产各种粗重的、不宜于远途运输的瓶、坛、罐、盆类器物。磁州窑的器物主要用作包装用品。漳河流域的窑场在元末明初停烧，更主要的原因是产业中心的形成。元明时期，滏阳河流域彭城镇的制瓷业由于生产管理体制的优化，交通运输的便捷，从生产规模和质量等方面已超过了观台一带，成为冀南豫北一带制瓷业的产业中心。磁州境内的窑场逐渐向彭城一带集中，因此，零散分布于漳河沿岸的各窑场失去了竞争能力和存在的必要，因而逐渐消亡了。

（三）明清时期磁州窑的延烧

漳河流域的诸窑场在元末明初停烧以后，磁州窑的生产集中到了滏阳河流域的彭城镇和临水镇一带。在这里，磁州窑从元代后期就开始繁荣生产，明初逐渐成为了北方地区最重要的制瓷业产业中心[1]。同全国情形一样，元代成百上千的窑址大多都在元末明初时停烧了，出现了景德镇陶阳十三里、磁州彭城镇这样的面积不大，但有高度分工的集约化生产的、产量巨大、产品质量高的产业中心。北方地区类似的产业中心还有陕西铜川铜炉镇[2]、河南怀庆府（今焦作）以及明代前期盛烧的河南禹州等地[3]。其中磁州窑的生产规模和工艺技术在这几个生产中心当中都居于领先地位。明代彭城镇制瓷用的釉料都来自安阳县的水冶矿点[4]。另据报告，在峰峰矿区临水镇滏阳河源头纸坊村至石桥村五六里长的一段河道上，发现了20多座大型水碾的遗迹，并认定这些水碾都是用来加工制瓷原料的，同时还在临水镇发现了规模巨大的堆放原料的地点，加工过的原料堆积如山[5]。尽管这些水碾的时代还不清楚，堆积的原料是加工好的胎料还是尾砂也不明，但这样集中分布的专门的原料加工遗迹，不能不使人联想到明代景德镇的生产模式。原料的开采和加工是在距景德镇镇区50公里以外的高岭地区，又有昌江上游专门供应燃料的柴厂，而陶阳十三里只从事成形、装饰和烧成以及后续的商贸活动[6]。这种生产模式无疑已经进入了早期工业化或曰工业革命的初期形态，有学者甚至认为景德镇的生产模式影响了英国工业革命的发生[7]。磁州窑明代的生产模式在大规模的分工生产等方面与景德镇十分相似，彭城镇所扮演的角色与陶阳十三里相同。因此，所谓"南有景德，北有彭城""千里彭城，日进斗金"等美誉并非空穴来风[8]，北方地区能够担此名声的只

① 庞洪奇：《从考古调查看临水窑与彭城观台诸窑之关系》，载赵学锋主编《磁州窑面向国际》，石家庄：河北美术出版社，2011，第109－123页。

② 耀州窑博物馆、陕西省考古研究所、铜川市考古研究所编著《立地坡·上店耀州窑址》，西安：三秦出版社，2004。

③ 秦大树、徐华烽：《钧窑历史与成就述论》，载秦大树主编《柏煊书斋·钧窑》，香港：穆文堂美术出版社有限公司，2017，第7－112页。

④ 程在廉：《磁州窑研究技法传播的地质因素》，载邯郸市陶瓷工业公司编《磁州窑研究论文集（二）》（内部刊印资料），1988，第51－56页。程在廉：《磁州窑地质研究中的几个问题》，《河北陶瓷》1986年第2期，第55－58页。

⑤ 庞洪奇：《临水磁州窑初考》，《邯郸学院学报》，第16卷，2006年第4期，第29－31页。

⑥ 中共景德镇市委宣传部：《景德镇陶瓷简史》，南昌：江西教育出版社，2023，第97－111页。贺鼎：《景德镇——世界瓷业中心的城市与遗产》，北京：清华大学出版社，2020，第15－25页。

⑦ Robert Finlay, The Pilgrim Art: Culture of Porcelain in world History (University of California Press, 2010),Berkcley,LosAngcles,London, pp. 47－60.

⑧ 郝良真：《近代磁州窑》，北京：科学出版社，2010，第10－17页。张子英：《解放前的彭城陶瓷工业》，《河北陶瓷》1992年第5期，第46－48页。

有磁州窑。

彭城一带虽然窑业废弃物随处可见，若干年前还有两座巨大的窑业废弃物堆积成的小山，但这里由于现代建筑的普遍占压，一直没有能够开展过成规模的、比较正式的考古工作。同时，20世纪90年代以前，从收藏角度出发的研究也对明清的磁州窑十分忽视。因此，对明清磁州窑的研究和认识都还处于非常初级的阶段。从古代文献的记载中可以看到，磁州窑在明代生产再创辉煌。《明宣宗实录》记载，洪熙年间磁州窑就为赵王府制造了瓷祭器①，推测实际为赵王府生产瓷器的时间可能早到赵王就藩不久②。随后的宣德年间，工部下达政令，令河南府的钧、磁二州及真定府为光禄寺制造缸瓶坛等器物，而且数量巨大。官府在彭城设有官窑和官坛场。③根据文献记载，贡瓷的时间至少延续到嘉靖三十二年（1553）④。从实物资料看，有一些带有明万历年间制作款识的白地黑花大罐⑤，说明磁州窑贡御的时间一直延续到万历时期，与景德镇御器场的存续时间大体相同。至《康熙磁州

---

① 《明宣宗实录》载洪熙元年（1425）九月"己酉，命行在工部……于磁州造赵王之国各坛祭器"。洪熙元年，为第二代赵藩赵简王朱高燧就藩漳德府之时。可知早期阶段王府的祭器都是在就藩之地附近生产的。《明实录·宣宗实录》卷九，中国台北："中央研究院"历史语言研究所，1962年，第231页。万历《大明会典》载"凡亲王之国合用乐器、祭器……瓷酒尊笾豆簠簋，行江西浮梁县烧造"，表明到明后期的万历年间景德镇已是唯一一处生产地。实物方面也提供了佐证，如传世发现的"甲戌春孟赵府造用"款龙纹盘，迄今所见共有9件，五彩装饰的6件，青花装饰的3件，所绘纹样基本相同，可知此时为赵王府烧造瓷器的窑场为景德镇，而非磁州了。参见高宪平：《明代景德镇民间窑场参与官方瓷器生产活动研究》，北京大学博士后研究工作报告，2023，第41—42页。庞洪奇、庞枫陶：《明清磁州窑史料辑考》，《邯郸学院学报》2016年第1期，第42—46页。

② 第一代赵藩王为朱元璋庶九子朱杞，洪武三年（1370）受封，次年薨，因为子嗣，除封。张廷玉等：《明史》卷一百一，《诸王世表二》，北京：中华书局，1974，第2623页。至永乐二年封成祖嫡三子朱高燧为赵简王，洪熙元年就藩漳德府，宣德六年薨。《明史》卷一百三，《诸王世表四》，北京：中华书局，1974，标点本，第2837—2840页。

③ 崔铣辑：《嘉靖彰德府志》卷之三《建制志》，"磁州"条："彭城厂，在滏阳里，官窑四十余所，岁造磁坛，纳于光禄寺。"上海古籍书店据宁波天一阁藏明嘉靖刻本影印，1964，第45页。蒋擢修、乐玉声、张丙厚等撰《康熙磁州志》卷之五《营建》，第十四叶，"官坛厂"条："在南关石桥东，后移琉璃村，旋复旋移，又再复故处，彭城厂在滏源里，明制于此设官窑四十余座，岁造磁坛堆积官厂，舟运入京，纳于光禄寺。国朝改征折色，厂遂废。"中国国家图书馆藏康熙四十二年（1703）刻本。

④ 明万历《大明会典》中记载："凡河南及真定府烧造，宣德间题准，光禄寺每年缸、坛、瓶，共该五万一千八百五十只，分派河南布政司钧、磁二州，酒缸二百三十三只。""嘉靖三十二年题准……通行解部，召商代办。如遇缺乏，止行磁州、真定烧造，免派钧州。四十二年奏准，钧州脚价邦贴，尽行除豁。"申时行等修《明会典》卷一百九十四·工部十四，北京：中华书局，据1936年商务印书馆万有文库本排印，万历重修《明会典》本缩印本，1988，第980—981页。稍早的正德版《大明会典》也有相关的记载，李洞等撰、李东阳等重修《（正德）大明会典》卷一五七·工部十一记载："岁造内府供用库……河南彰德府每年造瓶、坛、缸共一万七千二百八十四件，钧州每年造瓶、坛、缸共一万七千二百八十三件。"文渊阁《四库全书》本，中国台北：商务印书馆，1986，影印本，第618册，第542页。

⑤ 郝良真：《磁州窑白底黑绘花酒坛及相关问题探析》，《文物春秋》2002年第5期，第47—51页。郭学雷：《明代磁州窑瓷器》，北京：文物出版社，2005，图3—76，图3—54；图四四。北京艺术博物馆编、赵学锋主编《中国古瓷窑大系·中国磁州窑》，北京：中国华侨出版社，2017，图版259。

志》再次提及磁州为工部生产瓷器，只是数量大大减少①，但又提到为州府官方制作祭孔的祭器②。明末停贡，清初恢复，这也与景德镇御窑厂的发展脉络相同。因此，学界也提出了明代"四大官窑"的观点③，指的就是景德镇御器场、龙泉窑官器、磁州窑和钧窑。足见磁州窑在明清时期不仅生产模式先进，规模巨大，产品质量较高，而且长期贡官贡御，为北方地区瓷器生产的翘楚。

由于考古工作的局限，目前我们对明初磁州窑的生产情况，包括贡御产品的真实面貌并不清楚，目前可见的磁州窑白地黑花大罐上的纪年都是明代中后期的。同时，在彭城一代陆续出土的一些器物，可见明代磁州窑白釉普遍泛黄灰色，不够光润，胎质粗深，质量上并未恢复到宋金时期的水平；非常流行白地黑花加棕彩或单纯用棕红色彩绘制图案的装饰。在图案上可以看到一些景德镇民窑青花瓷器上明代中后期常见的纹饰，如米芾拜石、潇湘八景等。近年来新的研究成果证明，景德镇的民窑青花瓷器开始生产于明宣德末期到正统时期，并得到了迅速的发展④，青花为代表的瓷器彩绘装饰开始向全国扩展，磁州窑受到景德镇民窑青花纹样的影响，并逐渐趋同，并不出意外。这恰恰说明磁州窑的生产开始融入全国的瓷器生产体系，脱离了宋元时期地方特点明晰的特征。邯郸市博物馆还收藏有清代灰青色釉的双立耳方形香炉，也印证了《康熙磁州志》记载的为州府学制作祭孔礼

器的情况⑤。虽然有人认为临水窑从清代前期就开始生产青花瓷器，但证据明显不足。磁州窑的青花瓷大约始烧于晚清时期，目前可见清代光绪时期的纪年器物⑥，这是磁州窑产品风格的一次重要转型，标志着磁州窑从独特风格进一步全面融入全国一体的装饰风格，成为全国各地数以百计的青花生产地点中的一个。特别是磁州窑也融入了清末民国时期受西方工业化生产的影响，全国都在出现的现代制瓷工业体系的制瓷产业。

三、磁州窑的历史地位及在中国陶瓷发展史上的贡献

磁州窑作为北方地区宋元时期一处非常重要的民间窑场，为中国古代瓷器制造业的发展做出了重要的贡献，归纳为以下几个方面：

1. 中国从东汉晚期制造出成熟的瓷器，在相当长一段时间里对器物的装饰以胎体装饰为主，即用刻、划、塑等方式在胎体上装饰，总体上表现出了单色的传统。磁州窑成功地利用了白色化妆土与较深的胎色和黑色彩料的反差，采用了对比强烈的剔、划、绘画和加彩等装饰工艺，突破了单色装饰的传统，丰富了宋代陶瓷装饰的内容和风格，成为宋代瓷器百花园中的一枝奇葩。

2. 磁州窑最早使用了含铁元素较高的斑花材料，

---

① 前揭《康熙磁州志》卷之八·赋役，第十四至十五叶，"工部本色起运"条记："磁坛二百二十五个，石磨一副，煤炭雇船脚价共原额银二十七两一钱九分九厘八毫。"中国国家图书馆藏康熙四十二年刻本。又卷之十·风土·第四叶，"磁器"条载："出彭城镇，置窑烧造瓷缶盆碗炉瓶诸种，有黄绿翠白黑各色，然质厚而粗，只可供寺店庄农之用。"中国国家图书馆藏康熙四十二年刻本。

② 前揭《康熙磁州志》卷之六·学校·第十五叶"祀典"条；第十六叶"祭器"条。

③ 王光尧：《明代宫廷陶瓷史》，北京：紫禁城出版社，2010，第 114 — 187 页。

④ 秦大树、高宪平：《景德镇明代"空白期"窑业遗存的考古学探索与新认知》，《中国陶瓷》2020 年第 9 期，第 63 — 77 页。

⑤ 蒋擢修、乐玉声、张丙厚等撰《康熙磁州志》卷之六·学校第十五叶，"祀典"条；第十六叶，"祭器"条。

⑥ 如邯郸市博物馆收藏有一件"庚未"款（光绪九年，1883）锦地开光文字纹青花罐，参见前揭《中国古瓷窑大系·中国磁州窑》，图版 269；又如邯郸市博物馆还收藏一件"光绪三十二年"（1906）款青花文字长方形印盒，参见前揭《中国古瓷窑大系·中国磁州窑》，图版 270，都是磁州窑光绪年间开始生产青花瓷器的证据。

在釉下绘画图案，开创了白地黑花装饰，并成为了磁州窑最流行、最具代表性的装饰技法。由于其表现力很强，因此磁州窑最早利用瓷面为画纸，表现复杂丰富的纹饰图案。宋金时期，彩绘瓷和彩釉瓷在磁州窑发展成熟，使磁州窑以装饰丰富而卓立于全国的瓷器产区。入元以后，彩绘瓷和彩釉瓷逐渐在全国得到广泛的应用和发展，明清时期成为瓷器装饰的主流[①]。不难看出，在这一发展变化过程中，磁州窑起到了重要的开创和承先启后的作用，并产生了广泛的影响，在中国陶瓷发展史上占有十分重要的地位。

3. 磁州窑在宋金时期发展繁荣，拥有最多样的装饰技法和最丰富的纹饰图案，是宋元时期最富有特色的窑口。磁州窑与北方数以百计的民间窑场相互影响，形成了独有的艺术特色，成为宋代占据主流地位的庶民艺术的典型代表。虽然现在流行的"窑系"观念有诸多不合理之处[②]，但在宋代所谓的六大窑系中，磁州窑系拥有数量最多的窑址以及最广大的分布区域，从一个侧面说明了磁州的影响力。特别值得注意的是，磁州窑所发明的多项装饰技术都对明清瓷器的生产产生了直接的影响。计有：（1）白地黑花对景德镇青花瓷器的创制产生了直接的影响。（2）白釉红绿彩瓷成为景德镇元、明两代五彩瓷和斗彩瓷的直接来源。（3）磁州窑开创的在烧成的白釉瓷器上施低温釉，而不是在素胎上施低温釉的工艺对景德镇明、清两代盛行的低温彩釉瓷产生较强的影响。尤其是元代开创的翠蓝釉瓷器，景德镇窑显然是直接学自磁州窑的[③]。

4. 磁州窑在许多生产技术的开创和应用方面对宋代瓷器的发展做出了重要的贡献。磁州窑是北方地区最早使用煤为燃料的窑场之一，大体与定窑和耀州窑同时。这项技术的产生和实践，对于北方地区制瓷业的发展起到了至关重要的作用。北宋后期北方地区制瓷业的迅速发展，与此有重要的关联。磁州窑在宋代就开始用不同的原料配制成适于生产瓷器的制坯原料，是最早人工改变原料性状以提高产品质量的窑场，早于景德镇窑。这是杰出创造力和高超工艺技术的体现。此外，在匣钵的使用、装烧技术的创新和大量使用模制成型工艺等许多方面，磁州窑也都做出过重要的贡献。

5. 磁州窑在生产管理体制上表现出集约化生产和高度分工合作的模式，体现了发达的商品生产特征，在明代以前全国的窑业生产体系中居领先地位。类似的生产体制在全国并不多见，成为宋代以降商品经济从产生、发展、繁荣到向早期工业化转变的样本。

对磁州窑的研究其实还处于较为浅表的早期阶段，磁州窑本身博大丰富的内涵，呼唤着更为细致深入同时又具有更宏观视角、与更多不同学科交叉联系的研究。我们深切希望这套丛书也能够起到承先启后的作用，给学者提供尽可能全面的前人的研究成果，以及更多的相关资料，为爱好者更全面丰富地展现磁州窑的内涵。

2023 年 12 月于北京七彩华园

秦大树

（浙大城市学院考古学系教授，北京大学考古文博学院教授）

[①] 郭学雷：《明代磁州窑瓷器》，北京：文物出版社，2005。书中将磁州窑泛指为北方地区明代仍在烧制的窑场，关注明代磁州窑类型窑场的技术发展与产品特征，把明代磁州窑类型的产品分为彭城磁州窑类型、禹州磁州窑类型、耀州磁州窑类型、霍州磁州窑类型以及壶关磁州窑类型，其实是代表了明代以后北方瓷器生产的几个中心窑区，厘清了各窑区明代产品的面貌与技术互动。揭示了入明以后白地黑花装饰在北方地区的普遍流行。而且书中所划分的几个类型，都源自元代时期的技术传承。

[②] 秦大树：《论"窑系"概念的形成、意义及其局限性》，《文物》2007 年第 5 期，第 60 — 66 页。

[③] 秦大树：《元明翠蓝釉瓷器探析》，载现代科技考古研讨会文集编委会编《考古文物与现代科技》，北京：人民出版社，2001，第 86 — 98 页。

磁州窑的孕育
—— 以冀南文化区为例

河北是中华民族的发祥地和中华文明的发源地之一，古磁州所属的冀南连接中原腹地，是中华文明发源的核心区域，也是陶瓷文明孕育发展的重要地区。据考古发现证实，我省徐水南庄头遗址发现了万年陶器和用火遗迹，这是我国北方地区发现的地层清楚、年代最早的有陶器出现的新石器时代遗存，为研究北方地区陶器和农业文明起源等提供了珍贵的第一手材料[①]。

陶器，是人类第一次通过改变自然物质，按照自己意志创造出来的一种全新物质，它是人类对水、火、土的认识和把握的升华，在人类智力发展和文化进步史上有着里程碑式的意义。陶器发明后，制陶工艺获得飞速发展，中国南方的先民们在陶器的基础上又烧制出了"原始瓷器"，河北藁城商代台西遗址就出土了南方产的"原始瓷器"[②]（也称其为"釉陶器"），在原始瓷器基础上经过上千年的反复试验才发展出了成熟的瓷器。从陶器出现，到东汉时期孕育出成熟的瓷器，又是一次人类认识自然，把握水、火、土创造新物质的发明创造，历经千余年，先民们在继承中发展，在发展中创新，在创新中创造出了瓷器。

磁州窑制瓷也是这一继承、发展、创新、创造的产物。磁州窑文化区域具有悠久的文化传承，本地陶艺到瓷艺的发展、演变、继承与创新历程，为中华瓷器文明做出了重要贡献。

一、陶瓷器的孕育母体——考古发现的冀南陶瓷窑

陶器是先民们的一大发明，解决了食物和水的搬运及储藏问题，同时，结合火的掌握运用，解决了食物生熟的转换，利于人类对食品的消化和吸收，极大提升了人类的生活质量和健康状况。陶器的发明不仅提升了先民们的健康状况，也延长了人类的寿命，从而促进了人类的繁衍和经济的进一步发展，同时为人类的定居生活提供了必要的物质条件。陶器的出现一开始可能出于偶然，但掌握了这一工艺后，其烧制就可能大量出现，而大量烧制的基础除了技术，还应该有烧制的母体，即孕育陶器的陶窑。冀南地区陶窑最早发现于仰韶文化时期，随着历史的演进，陶窑越来越发达，技术越来越成熟。

新石器时代陶窑发现 邯郸磁县下潘汪遗址发现了新石器时代仰韶文化陶窑[③]；涧沟遗址发现了新石器时代龙山文化陶窑，共发现龙山文化陶窑7座[④]；

---

① 保定地区文物管理所、徐水县文物管理所、北京大学考古系、河北大学历史系：《河北徐水县南庄头遗址试掘简报》，《考古》1992年第11期。

② 河北省文物研究所：《藁城台西商代遗址》，北京：文物出版社，1985，第64页。

③ 唐云明：《磁县下潘汪遗址发掘报告》，《考古学报》1975年第1期。

④ 北京大学、河北省文化局邯郸考古发掘队：《1957年邯郸发掘简报》，《考古》1959年第10期；河北省文化局文物工作队：《河北邯郸涧沟村古遗址发掘简报》，《考古》1961年第10期。

邯郸市峰峰矿区义井镇义西村义西遗址也发现了陶窑，陶窑所处遗存时期与大司空文化中期相近①。相邻河南安阳市也多有窑址发现，如安阳鲍家堂遗址属仰韶时期，发现了陶窑 2 座②，安阳考民屯③和八里庄④均发现了龙山时期的陶窑。

夏商周（春秋战国）时期陶窑　邯郸市磁县白村遗址发现后冈二期文化晚期陶窑 4 座⑤。同文化类型陶窑还有邯郸市永年区台口村遗址陶窑⑥。

先商时期窑址有邯郸市磁县南城遗址陶窑⑦，还有邯郸市峰峰矿区义井镇北羊台村北羊台遗址陶窑⑧、邢台葛家庄遗址陶窑等。殷商时期陶窑有邯郸市涧沟村涧沟遗址陶窑，遗址发现殷商时期陶窑 3 座⑨。邯郸市磁县西南漳河北岸下七垣遗址陶窑，发现商代早中晚期陶窑共 4 座⑩；邯郸武安市赵窑遗址陶窑，为商代中晚期陶窑⑪。邢台市西郊曹演庄遗址、东先贤商代遗址也发现了陶窑，先后发掘了 8 座陶窑⑫。邢台市西南贾村遗址、隆尧双碑遗址、邢台粮库遗址均发现了商代晚期的陶窑。安阳市小屯南地也发现了陶窑⑬，安阳市殷墟刘家庄北地还发现了制陶作坊，发现窑址 24 座，出土了大量的陶器和一批陶文⑭。

邢台市郊区的南小汪遗址发现了西周和东周时期陶窑各 1 座⑮。保定市涞水县的西水北遗址发现了东周时期燕国制陶作坊遗址，发掘了 4 座陶窑⑯；保定市唐县高昌镇淑闾遗址、石家庄市行唐县故郡遗址均发现了东周时期陶窑⑰。战国中山国灵寿城遗址内

---

① 河北省文物研究所、邯郸市文物研究所、峰峰矿区文物保管所：《邯郸市峰峰电厂义西遗址发掘报告》，《文物春秋》2001 年第 1 期。

② 傅宪国：《安阳鲍家堂仰韶文化遗址》，《考古学报》1988 年第 2 期。

③ 马俊才：《河南安阳市孝民屯新石器时代窑址发掘简报》，《考古》2007 年第 10 期。

④ 李秀萍、聂玉海：《安阳八里庄龙山遗址发掘简报》，《中原文物》1980 年第 2 期。

⑤ 河北省文物研究所、邯郸市文物研究所、峰峰矿区文物保管所：《邯郸市峰峰电厂义西遗址发掘报告》，《文物春秋》2001 年第 1 期。

⑥ 河北省文化局文物工作队：《河北永年县台口村遗址发掘简报》，《考古》1962 年第 12 期。

⑦ 河北省文物研究所：《河北磁县南城遗址发掘获重要发现》，《中国文物报》2009 年 2 月 25 日。

⑧ 河北省文物研究所、邯郸市文物管理处、峰峰矿区文物管理所：《河北邯郸市峰峰矿区北羊台遗址发掘简报》，《考古》2001 年第 2 期。

⑨ 北京大学、河北省文化局邯郸考古发掘队：《1957 年邯郸发掘简报》，《考古》1959 年第 10 期；河北省文化局文物工作队：《河北邯郸涧沟村古遗址发掘简报》，《考古》1961 年第 10 期。

⑩ 河北省文物管理处：《磁县下七垣遗址发掘报告》，《考古学报》1979 年第 2 期。

⑪ 河北省文物研究所、河北文化学院：《武安赵窑遗址发掘报告》，《考古学报》1992 年第 3 期。

⑫ 云明、罗平、明远：《邢台商代遗址中的陶窑》，《文物参考资料》1956 年第 12 期；唐云明：《邢台曹演庄遗址发掘报告》，《考古学报》1958 年第 4 期；河北省文物研究所：《河北邢台县东先贤遗址发掘简报》，《考古》2002 年第 3 期。

⑬ 中国科学院考古研究所安阳工作队：《1973 年安阳小屯南地发掘简报》，《考古》1975 年第 1 期。

⑭ 岳占伟、岳洪彬、何毓灵：《河南安阳市殷墟刘家庄北地制陶作坊遗址的发掘》，《考古》2012 年第 12 期。

⑮ 河北省文物研究所：《邢台商周遗址》，北京：文物出版社，2011，第 137、173 页。

⑯ 冉万里、陈洪梅：《河北涞水西水北遗址发掘获得重要收获》，《西北大学学报（哲学社会科学版）》2011 年第 41 期。

⑰ 刘连强：《河北唐县淑闾遗址考古发掘获得重要成果》，《中国文物报》2006 年 12 月 15 日；河北省文物研究所、中国社会科学院考古研究所、石家庄市文物研究所等：《河北行唐县故郡东周遗址》，《考古》2018 年第 7 期。

发现了陶窑多座[1]。

秦汉到北朝时期的陶窑 邯郸武安市午汲村古城遗址发现了春秋战国以及两汉时期陶窑，共钻探出25座，清理发掘21座，其中战国末期到两汉时期共计19座[2]。汉魏时期燕下都东城西南部的9号居住址发现汉代陶窑1座[3]。

邺城遗址目前发现陶瓷窑址5处，其中洪山窑区和高家楼窑区年代为东汉晚期至十六国时期，邺南城东北、倪辛庄、邺南城西南窑区年代为东魏北齐时期。邺南城西南窑区位于习文乡板屯村以南、习文村以东、义城村以南、安阳市柏庄镇灵芝村以北的广大区域内，窑区发现6座残窑炉，从断面可知，窑床宽1.8米，青色窑壁厚0.05米~0.15米，窑壁外红烧土厚0.18米~0.26米，窑区的烧制使用时间较长[4]。

东魏北齐时期窑址有邺城曹村瓷窑址。窑址发现3座窑炉，编号Y3窑存在早、晚两期，晚期在早期基础上简单处理后又进行烧造生产。窑址区出土了大量瓷器和窑具[5]。

邯郸市峰峰矿区临水镇的临水瓷窑，创烧于北朝时期，北朝至隋时期未发现陶窑遗迹，但地层遗物丰富，足以证明窑场的烧制历史较长[6]。北朝晚期的瓷窑址有磁县贾壁村瓷窑。这一时期瓷器烧造属于创烧期，以青釉为主，釉色青灰，器物种类较少，器物敦实厚重，多平底实圈。器物种类碗居多，器表多素面，有少量暗纹[7]。

综上所述，从考古发现我们可窥见冀南地区窑业发展脉络：万年前南庄头就发现了陶器，从新石器仰韶文化时期开始出现窑业手工业窑炉，考古又发掘出了大量的夏商周时期窑炉，说明制陶手工业在这个时期获得了一个较大的发展。后来发现了大量汉魏时期釉陶器，特别是北朝时，随着瓷器技术的传入，由烧制陶器转而为大量烧制瓷器，窑业手工业制作技艺和烧制工艺都达到了一个新的高度。同时，我们通过窑业的考古发现也可以看出，磁州窑地区自古窑业发达。在冀南地区已发现的37处窑炉遗址中，该文化区占了20处，超过了半数；在考古发掘或发现的80余座陶瓷窑炉中，该文化区占了50余座，近60%，说明此地窑业工业持续发达，为磁州窑孕育瓷器，在窑炉技术和瓷器装饰艺术以及窑业技术人力的培养上，打下了深厚的物质基础，创造了雄厚的技术积累，储备了部分窑业技术人才。

二、陶瓷产品分期和器型

从冀南地区特别是磁州窑文化区域发现的窑业材料来看，本区的古代制陶和制瓷工艺的发展大致可以分为三个时期，分别是新石器时代、夏商周（含春秋战国）、汉魏到北朝时期。

新石器时代 本区最具代表性的文化是磁山文化。磁山文化因磁山遗址的新石器时代遗存而得名，是河北省第一处以地名命名的考古学文化，其典型陶器为平底盂、支座、钵和深腹罐，年代距今约8000

---

① 河北省文物研究所：《战国中山国灵寿城1975—1993年考古发掘报告》，北京：文物出版社，2005，第31－35页。

② 河北省文物管理委员会.河北武安县午汲古城中的窑址[J].考古,1959,(7):338-342+400

③ 河北省文物研究所：《燕下都》，北京：文物出版社，1996，第549页。

④ 黄信：《河北邺城地区陶瓷窑址调查报告》，《文物世界》2018年第1期。

⑤ 沈丽华、朱岩石、何利群：《河北临漳邺城遗址曹村青釉器窑址》，载国家文物局主编《2016中国重要考古发现》，北京：文物出版社，2017，第214－217页。

⑥ 邯郸市文物保护研究所、峰峰矿区文物保管所：《河北邯郸临水北朝至元代瓷窑遗址发掘简报》，《文物》2015年第8期。

⑦ 冯先铭：《河北磁县贾壁村隋青瓷窑址初探》，《考古》1959年第10期。

年至 7600 年。磁山陶器原料主要为就地取材，陶土来源可能主要取自 2 米以下的窖穴或坑内。由于距河较近，取砂方便，故而陶器多为夹砂陶，以红陶、褐陶为主[1]。

本区域的仰韶文化群主要包括后冈一期文化、大司空文化，最典型的器物就是泥质红陶与彩陶文化。大司空文化在本地典型代表遗址主要为磁县下潘汪和界段营[2]，陶器以灰陶为主，红陶次之，纹饰包括篮纹、绳纹和方格纹，有一定数量的彩陶，器型包括钵、碗、罐、壶、盆、盘、豆、盂、釜、灶、陶拍、纺轮、弹丸、陶环等，以钵、碗两种占多数。常见器型有敛口平底钵、直口平底碗、折腹盆、高领罐等等。陶器以泥质红陶最多，其次为泥质灰陶和夹砂灰陶，少量夹砂红陶和泥质黑陶。该时期本地区在原料的选择和加工方面应是延续就地取材。仰韶文化时期盛行泥条盘筑法，在捏塑成形及修整方面，这一时期的陶器有部分口部有轮修痕迹，其余皆为手制，与磁山文化时期相近。

本地的仰韶晚期至龙山时期的遗址主要有后冈二期文化和大司空类型晚期。后冈二期文化在本地的重要遗存为磁县下潘汪遗址，出土陶器以灰陶为主，也有少量磨光黑陶，纹饰以绳纹为主，此外还有篮纹、方格纹。大司空类型晚期出土陶器以泥质灰陶为主，夹砂灰陶和泥质黑陶次之。其中素面磨光占大多数，纹饰有篮纹、绳纹、方格纹、附加堆纹、麻点纹、乳钉纹、划纹、弦纹等。这一时期陶器轮制较多，但全部轮制的仅限于中小型器物碗、罐、盆等，大型盆、罐等则仅口沿或器壁轮制，底为手制，然后捏在一起，有些器物由于制作不够精细，底部常存有接合痕迹，个别为模制或手制。

夏商周（含春秋战国）　该时期文化主要包括先商、商、西周至春秋战国四个阶段。其中该地区商时期整个阶段陶器以泥质和夹砂陶为主，有的遗址夹砂陶数量多于泥质陶，如滏阳营遗址以夹砂灰陶居多，其次为夹砂或泥质黑皮红陶及夹砂红褐陶[3]；有的出土陶器以泥质陶为主，夹砂陶次之，如河北村遗址出土泥质灰陶数量最多，其次为泥质黑陶和夹砂灰陶与灰褐陶[4]。邯郸市下七垣遗址商代早期出土陶器以卷沿高裆高尖足薄胎细绳纹鬲、四棱形及舌形鼎足、平底罐、小平底盆、长细把豆、平底爵等为主要特征。商代中期出土陶器以夹砂灰陶和泥质灰陶为主，以折沿矮尖足绳纹鬲、粗把豆、三角纹簋为特征[5]。商代晚期出土平裆秃乳足鬲，这是冀南商代晚期遗址代表性器型。西周时期陶器夹砂灰陶和泥质灰陶占绝大多数，有少量泥质红陶、夹砂红陶和泥质黑陶。常见器型中鬲、豆占大多数，还有盆、罐、瓮等。春秋时期陶器以夹砂灰陶为主。战国中山国出现了磨光黑陶，上饰压划纹，光亮醒目[6]。

商时期陶器主要采用模制、轮制和手制三种制法，西周时期陶器以轮制和模制为主，兼有手制。器身一般为模制，内壁会存在有修整压抹的痕迹，器表有明显的手抹修整痕迹。口沿多经轮修打磨，有的器

① 邯郸市文物保管所、邯郸地区磁山考古队短训班：《河北磁山新石器时代遗址试掘》，《考古》1977 年 6 期；河北省文物管理处、邯郸市文物保管所：《河北武安磁山遗址》，《考古学报》1981 年 3 期。
② 河北省文物管理处：《磁县下潘汪遗址发掘报告》，《考古学报》1975 第 1 期；河北省文物管理处：《磁县界段营发掘简报》，《考古》1974 年 6 期。
③④ 邯郸市文物保护研究所：《河北磁县几处先商遗址的考古发现与探索》，载北京大学震旦古代文明研究中心、河南省文物考古研究所、河北省文物研究所、郑州市文物考古研究院编：《早期夏文化与先商文化研究论文集》，北京：科学出版社，2012，第 378 — 380 页。
⑤ 河北省文物管理处：《磁县下七垣遗址发掘报告》，《考古学报》1979 年第 2 期。
⑥ 河北省文物研究所：《墓 —— 战国中山国国王之墓》，北京：文物出版社，1996，第 156 — 165 页。

物在颈部可看见轮制的痕迹，一些附加在器物上的制品，如足、錾为手制，个别还有捏塑痕迹。

汉魏至北朝时期　本地区的遗址主要有讲武城遗址（该遗址还出土了少量墓葬）。其附近午汲古城中发现有战国、西汉、东汉时期的陶窑。其中战国末至西汉时代的陶窑比较密集，各窑址窑内遗物基本相同，出土器物包括小口大腹平底罐、平底钵、盆、瓿、豆等，还有大量砖瓦等建筑构件，和遗址中出土的遗物基本相同，说明此时期陶器烧造水平达到了顶峰，陶器的用途不仅仅限于日常生活用具，更普遍用于建筑等领域。发现于安阳西高穴村的东汉末年曹操墓出土了 11 件瓷器，均为罐，有白瓷、青瓷和酱釉瓷[1]，虽然制造地不清楚，但说明该时期此地就在使用瓷器。墓葬出土的青瓷器，河北较多，如景县封氏墓群出土的仰覆莲尊、壶、缸、杯、碗、托杯、大盘等[2]、河间邢伟墓、平山北齐崔昂墓等也出土有青瓷器。

青瓷的诞生是陶瓷发展史上的一大进步。它标志着本地区陶瓷的发展从此由陶器时代迈入了青瓷时代。本地具体可查的进入青瓷时代的时间是北朝后期，直到隋代还大量烧造。目前考古发现证实的窑场有邢窑和磁州地区一带的窑址。

邯郸市发现有三处烧造青瓷的窑场，分别是磁县的贾壁村、峰峰矿区的临水镇、临漳县邺城遗址曹村青釉器窑址[3]。磁县贾壁村瓷窑冯先铭先生认为是隋代窑，后有先生研究后认为是北朝后期，出土器物主要有青瓷直口实足碗、青瓷长颈瓶、青瓷敞口鼓腹罐、青瓷盘口鸡首壶、酱釉长颈瓶、酱釉四系罐等。发现的窑具有齿形支烧具、三叉形支具、垫饼和筒形支具等[4]。

综上研究分析可知，新石器时期的徐水区南庄头发现了陶器，新石器时期彩陶大规模应用。夏商周除生活用陶，礼制陶也得到了广泛应用。战汉时期更拓展到建筑用陶，并发现了釉陶。成熟的瓷器在南方烧制了出来，但冀南地区并未发现生产，这一时期应该是北方瓷器的孕育时期。魏晋到隋是由陶到瓷的转变时期，瓷器技术传入了北方，此后，瓷器渐渐兴起并占据了陶瓷业的主流，制陶工艺便逐渐向陶瓷工艺转变，瓷器的制作水平逐渐变成了"前沿"。北方地区包括磁州窑地区最早烧造的瓷器基本上是青瓷，可以追溯到北朝后期，同时这里的先人们在青瓷的基础上对工艺进行了改进，也烧造出了白瓷，之后北方的邢窑定窑相继崛起，逐渐形成了"南青北白"的制瓷业大格局。

陶器的产品以生活器具多，瓷器也多为生活实用器形，推测为瓷器在器型上对陶器器型的继承和借鉴，如碗、盘、盆、罐、瓶、杯等生活用具。各时代大多变化较小，基本型制持续沿用，尤其是磁州窑瓷器，来自民间，服务于基层民众，生活器具等基本受陶器形制的影响较深。

三、陶瓷产品的工艺和装饰技术

陶瓷器从实用发展而来，器物的装饰工艺在一定程度上反映出了古人的审美趣味。陶器的装饰工艺从磁山时期简单素面为主，到战国时期复杂磨光压划，技术越来越进步。瓷器出现后装饰工艺进步更快，变得更加丰富多彩起来。

磁山文化在捏塑成形及修整方面，尚处于原始

① 河南省文物考古研究院：《曹操高陵》，北京：中国社会科学出版社，2016。

② 张季：《河北景县封氏墓群调查记》，《考古通讯》1957 年第 3 期。

③ 沈丽华、朱岩石、何利群：《河北临漳邺城遗址曹村青釉器窑址》，载国家文物局主编《2016 中国重要考古发现》，北京：文物出版社，2017，第 124 — 127 页。

④ 冯先铭：《河北磁县贾壁村隋青瓷窑址初探》，《考古》1959 年第 10 期；张子英：《磁县古代陶瓷工业浇造的三个区域》，《文物春秋》1992 年第 3 期。

手制阶段。捏制方法主要为直接捏塑和泥条盘筑。装饰纹样包括素面、戳印和刻划短线、细绳纹、泥条堆纹、"之"字形纹等。邯郸下潘汪遗址出土大量"红顶陶"，显示出这一时期主要装饰特点，器物以素面和磨光居多，纹饰有篮纹、划纹、刺剔纹、乳钉纹和附加堆纹[①]。制法以手制为主，口部有的经轮旋修整，个别小型器物采用轮制。正定南杨庄遗址出土陶器以泥质红陶为主，红陶中有"红顶钵"，上呈红色，下为灰色。陶器大多为彩绘，红彩和黑彩居多。纹饰有平行线交叉纹、平行线填充三角纹、叶脉纹等[②]。邯郸市涧沟遗址龙山文化陶器主要为泥质黑陶、泥质灰陶、夹砂灰陶、泥质红陶、夹砂红陶，并发现有彩绘陶[③]。器表多磨光和素面，纹饰以篮纹为主。器型多炊器和容器，制法包括轮制、磨制和手制。邯郸市义西遗址陶器以夹砂陶为主，泥质陶次之。制法采用轮制或轮手相兼制作[④]。

邯郸市白村遗址为后冈二期，陶器以夹砂灰陶为主，其次有夹砂灰褐陶、泥质灰陶、夹砂红褐陶、夹砂黑陶等。纹饰以绳纹为主，篮纹次之[⑤]。邯郸市

台口村遗址也为后冈二期，出土陶器以泥质灰陶、夹砂灰陶为主，另有砂质与泥质红陶、泥质黑陶。制法以轮制为主，兼有模制和手制。器表除素面和磨光外，还有绳纹、篮纹、方格纹、附加堆纹等[⑥]。邯郸市北羊台遗址陶器主要为泥质陶器和夹砂陶器，泥质陶表面抹细泥。另有部分泥质陶施黑色陶衣并磨光，夹砂陶砂粒较细多呈白色。陶器多带纹饰，少量素面磨光，以细绳纹为主，另有弦纹、楔形戳印纹、指甲纹、圆点纹、附加堆纹等。制法主要采用模制、轮制和手制[⑦]。邢台市葛家庄遗址出土陶器主要为夹砂陶、泥质陶和薄胎细泥陶三类，纹饰有绳纹、方格纹、弦纹和篮纹等，制法基本为轮制[⑧]。邯郸市涧沟遗址，殷商时期陶器主要为泥质灰陶和夹砂灰陶。泥质灰陶器面磨光，纹饰以弦纹、点纹居多，少量楔形纹，多轮制，器型多罐、盆等生活器[⑨]。邢台市曹演庄遗址出土陶器有泥质和砂质，多灰色，少量红、黑色，纹饰以绳纹为主，器型鬲、罐居多[⑩]。邢台市东先贤商代遗址出土器物以夹砂灰陶为主，纹饰以绳纹为主，制法多采用手制[⑪]。邢台市双碑遗址出土陶器以夹砂灰

① 河北省文物管理处：《磁县下潘汪遗址发掘报告》，《考古学报》1975 第 1 期；河北省文物管理处：《磁县界段营发掘简报》，《考古》1974 年第 6 期。

② 河北省文物研究所：《正定南杨庄新石器时代遗址发掘报告》，北京：科学出版社，2003，第 72 — 88 页。

③ 北京大学、河北省文化局邯郸考古发掘队：《1957 年邯郸发掘简报》，《考古》1959 年第 10 期；河北省文化局文物工作队：《河北邯郸涧沟村古遗址发掘简报》，《考古》1961 年第 4 期。

④ 河北省文物研究所、邯郸市文物研究所、峰峰矿区文物保管所：《邯郸市峰峰电厂义西遗址发掘报告》，《文物春秋》2001 年第 1 期。

⑤ 张晓峥：《河北邯郸白村遗址 中国考古新发现 2010 年度记录》，《中国文化遗产》2011 年增刊。

⑥ 河北省文化局文物工作队：《河北永年县台口村遗址发掘简报》，《考古》1962 年第 12 期。

⑦ 河北省文物研究所、邯郸市文物管理处、峰峰矿区文物管理所：《河北邯郸市峰峰矿区北羊台遗址发掘简报》，《考古》2001 年第 2 期。

⑧ 河北省文物研究所：《河北邢台市葛家庄遗址区 1998 年发掘简报》，《考古》2000 年第 11 期。

⑨ 北京大学、河北省文化局邯郸考古发掘队：《1957 年邯郸发掘简报》，《考古》1959 年第 10 期；河北省文化局文物工作队：《河北邯郸涧沟村古遗址发掘简报》，《考古》1961 年第 4 期。

⑩ 云明、罗平、明远：《邢台商代遗址中的陶窑》，《文物参考资料》1956 年第 12 期；唐云明：《邢台曹演庄遗址发掘报告》，《考古学报》1958 年第 4 期。

⑪ 邢台东先贤考古队：《邢台东先贤商代遗址发掘报告》，《古代文明（辑刊）》（36 卷）2002 年。

陶、灰褐陶为主，纹饰有绳纹、附加堆纹、刻画三角纹、弦纹等[1]。邢台粮库遗址出土陶器以鬲居多，器表纹饰以绳纹为主，鬲多装饰粗绳纹，盆、罐以中绳纹或中粗绳纹为主。陶簋腹部常见刻划三角纹和绳纹的组合纹饰[2]。邢台市南小汪遗址出土陶器以泥质灰陶和夹砂灰陶为主，器表纹饰以绳纹为主，其次为素面，少量附加堆纹、弦纹和旋纹[3]。中山国王墓出土的暗纹磨光黑陶，制作精美，工艺复杂，是难得的珍品。燕下都出土陶器早期以夹砂灰陶为主，晚期以泥质灰陶为主，其中夹砂灰陶鬲是其代表性器物。墓葬出土的仿铜陶礼器，器型硕大，制作精美。燕下都东城9号居住址发现的汉代陶窑，发现多处陶片上有陶文印记[4]。邯郸市午汲古城遗址陶窑，时代为春秋战国以及两汉时期，器物中许多陶器和陶片带有印记，如"文牛淘""栗疾巳""邯亭"等[5]。

临漳县邺城遗址陶瓷窑区中，高家楼陶窑区出土器物除泥质红陶碗外，其余均为泥质灰陶。邺南城东北窑区出土有铅釉陶胎器、铅釉瓷胎器、青瓷器、窑具等器物。倪辛庄窑区出土有铅釉陶胎器、铅釉瓷胎器、青瓷器、窑具等器物，发现部分矸石、石英等制釉原料。邺南城西南窑区发现6座残窑炉，采集到铅釉陶胎器、铅釉瓷胎器、青瓷器、素烧器、窑具及泥质灰陶器等。邺城遗址曹村瓷窑址为东魏北齐时期窑址，出土器物有大量胎体灰白、质地细腻的低温釉陶类器物，如白胎青釉碗、灰白胎青黄釉碗、白胎黄绿彩残片等，还有普通胎体的褐釉陶、红陶器和灰陶器等。此外，还出土大量三足支钉、筒形三足支钉以及"L"形支架等窑具。磁县贾壁村瓷窑年代为北朝晚期，出土器物主要有青瓷直口实足碗、青瓷长颈瓶、

青瓷敞口鼓腹罐、青瓷盘口鸡首壶、酱釉长颈瓶、酱釉四系罐等。发现窑具有齿形支烧具、三叉形支具、垫饼和筒形支具等。邯郸市临水瓷窑创烧于北朝时期，北朝至隋时期未发现陶窑遗迹。这一时期瓷器烧造属于创烧期，以青釉器为主，釉色青灰，另有少量黑釉器。器物种类较少，以碗为主，另有少量钵、高足盘和长颈瓶等。除有的使用化妆土及釉色变化外，仅少量弦纹装饰。烧造方法以素底单烧和三爪支架支烧较常见。

四、结语

综上所述，自磁山文化时期陶器的装饰手法就已经多样了，主要包括拍打、压印、刺剔、刻划和贴塑等。压印出的纹饰主要在器物的外表，以绳纹居多；还有篦点"之"字纹；有用针、锥等尖状物刺出细密的坑点，组成波浪状、锯齿状、弧形条带状或同心圆、折叠角等图案；用泥条在器物的外表贴塑出平行线条、叠山、连弧等堆塑纹饰；用尖状物刻画出的叶脉状图案的刻划纹；等等。陶器的装饰手法上传承性较强，代与代之间持续沿用，创新发展速度较慢。

北朝之后磁州窑渐渐发展起来，装饰工艺有外部输入，也有受冀南陶器装饰工艺的影响，装饰手法更加丰富，分别运用刀、竹、角、篦子等工具通过划、刻、剔、填等手法在瓷胎上进行装饰，这也是陶器的装饰手法和工艺。宋元时期更是用毛笔在施过化妆土的瓷胎上通过绘画、书法等内容进行装饰，类似于陶器，用自然矿物在器物上绘出三角、平行线或花卉等，以及各种动物图案进行艺术创作。磁州窑瓷器运用丰

① 高建强：《隆尧双碑遗址晚商遗存分析》，载《三代文明研究》编辑委员会编《1998年河北邢台中国商周文明国际学术研讨会论文集》，北京：科学出版社，1999，第228—233页。
② 河北省邢台市文物管理处：《邢台粮库遗址》，北京：科学出版社，2005，第174页。
③ 河北省文物研究所：《邢台商周遗址》，北京：文物出版社，2011，第137页。
④ 河北省文物研究所：《燕下都》，北京：文物出版社，1996，第594—596页。
⑤ 河北省文物管理委员会：《河北武安县午汲古城中的窑址》，《考古》1959年第7期。

富多彩的釉色进行装饰，在陶器中也能找到其影子，如新石器时期的彩陶，战汉时期的彩绘陶器、釉陶，压划磨光和陶衣等等工艺。

瓷器源自南方，但其窑炉在工艺上继承借鉴了陶窑的某些技术，并加以改进，提升了瓷器的烧制温度和产出效益。有的瓷研究学者提出了陶瓷共烧问题，认为"发掘的早期窑炉中，既可能有烧陶窑炉，也可能有烧瓷窑炉，二者规模、结构等方面不易区分。这些窑炉共存在于同一片区域内，相关堆积中陶、瓷、窑具多大量存在，其中主要问题是北方在隋代以前是否有过陶、瓷共烧一窑的历史存在"[1]。在邺城廓城内发掘的曹村窑，发掘者推断是东魏北齐的陶窑，窑内出土遗物数量众多，品种繁杂，其中青釉器残片火候较高者与火候较低者并存，出土了大量胎体灰白，质地细腻的低温釉陶类器物，如白胎青釉碗、灰白胎青黄釉碗、白胎黄绿彩残片等，还有普通胎体的褐釉陶，红陶器和灰陶器等产品，也有极少高温青瓷器残片[2]。陶器、釉陶器和瓷片共出一地，有三者共烧的可能，有待进一步研究确定。可以肯定的是在一片区域内共烧是存在的，所以在箍窑、烧窑、装烧技术上肯定存在相互借鉴、学习、交流和影响，也可以说影响很深。在制作工艺上瓷器的产品受陶器的影响也较大，从捏塑、泥条盘筑和轮制，再到后来的轮制拉坯和拓坯成型；器型上从借鉴到相互影响；烧制上从南方的龙窑，到北方的平地起烧至升焰式竖穴窑，再到半倒焰式窑；装饰工艺上由原来的拍打、压印、刺剔、刻画和贴塑，再到后来发展出来的运用刀、竹、角、篦子等工具，通过划、刻、剔、填等手法在瓷胎上进行装饰，无不有陶器制作的影子。磁州窑瓷器的装饰方式比陶器日渐复杂，更加丰富多彩，体现了时代的要求和人们审美趣味的日渐增长。

磁州窑起自民间，服务于基层群众，故而产出的器物多为实用器，这和本区域陶器的发展相通，装饰也多为民众喜闻乐见的素材。正如秦大树教授所说："磁州窑的产品大部分供当地人使用，在早期阶段尤其是这样的，风格和装饰特点也以民间喜见的淳朴和豪放见长。"[3]磁州窑的工艺技术等在传承与发展上，也是它在本地化的过程中的"接地气"。它吸取本地陶器技艺的精华，让其绵延至今，在发展中不断焕发出新的活力。

韩立森

（河北师范大学历史文化学院教授、博士生导师）

① 河北省文物研究所、邢台市文物管理处、内丘县文物保护管理所、临城县文物保护管理所：《邢窑·上册》，北京：科学出版社，2021，第530页。

② 沈丽华、朱岩石、何利群：《河北临漳邺城遗址曹村青釉器窑址》，载国家文物局主编《2016中国考古重要发现》，北京：文物出版社，2017，第214—217页。

③ 秦大树：《磁州窑的研究史》，《文物春秋》1990年第4期。

目录

重器目录检索

CHINESE CIZHOU KILN
CULTURE SYSTEM
THE EXQUISITE PORCELAIN COLLECTION

新石器时代

灰陶乳钉纹鸟头形支脚

高 12.6 厘米，长 16.9 厘米，宽 12.7 厘米

河北省邯郸武安市磁山遗址出土

邯郸市博物馆藏

＊

夹砂灰陶。整体造型为变体鸟头形，上小下大。顶面为宽平的桃形，前端尖部下垂如钩，类似鸟头形。下部内里中空，自上至下逐渐加粗。底面呈椭圆环形喇叭口，胎体厚重，胎质细腻。通体印细绳纹装饰，支脚上部装饰对称的两组乳钉纹，每组有两个半球形乳钉。残缺大部分，粘接、补配修复。

红褐陶盂 红褐陶支脚组合

陶盂　高 17 厘米，口径 19.5 厘米，底径 22 厘米

陶支脚　高 11 厘米，底径 14 厘米

河北省邯郸武安市磁山遗址出土

河北省文物考古研究院藏

＊

夹砂红褐陶。陶盂为圆筒形，直口、直壁、大平底，底至口略内收，口下贴附对称鋬耳一对。腹外壁饰互相连接的弧线纹，弧线纹四条并列为一组。底面留编织纹痕。陶支脚三个，鸟头形，形制相同。平顶，顶面前凸呈角状，后端为圆弧形，下部为中空圆筒，顶面下贴附一对横鋬耳。陶盂和陶支脚是磁山文化中的代表性器物，为炊具和灶，下面生火，上面煮饭。

新石器时代

褐陶盂

高 25 厘米，口径 22 厘米

河北省邯郸武安市磁山遗址出土

河北省文物考古研究院藏

*

夹砂褐陶。椭圆形盂，方唇，直口，直壁，
壁近底部略内收，平底。器壁自上而下装饰
有数组点状斜线纹。陶盂已断裂，有残缺，
经修复。

编织纹陶盂

高 21 厘米，口径 19 厘米

河北省邯郸武安市磁山遗址出土

河北省文物考古研究院藏

*

磁山遗址出土的陶器底部发现了多种编织纹样。
此件陶盂的外壁饰浅细绳纹，底部有编织纹。编
织纹竖成列，横成行，横竖相交，整齐规矩，说
明当时磁山人的编织技艺相当纯熟。

红陶剔刺纹鸟头形支脚

高 15.3 厘米，长 18.3 厘米，宽 16.5 厘米

河北省邯郸武安市磁山遗址出土

邯郸市博物馆藏

*

夹砂红陶。整体造型为变体鸟头形，上小下大。顶面为宽平的桃形，前端尖部下垂如钩，类似鸟头形；下部内里中空，自上至下逐渐加粗；底面呈椭圆环形喇叭口，胎体厚重，胎质疏松。通体以剔刺纹装饰，支脚腹部的剔刺纹可见为规整的多层菱形图案，其他部位图案不详。残缺大部分，粘接、补配后修复。

红陶敞口浅腹三足钵

高 11.6 厘米，口径 26.4 厘米

河北省邯郸武安市磁山遗址出土

邯郸市博物馆藏

*

细泥红陶。敞口，浅弧腹，圜底，下附三个细小的圆锥状尖足。整体造型规整，光素无纹，胎体较薄，胎质细腻，是新石器时代早期黄河中下游地区具有特色的代表性器物。残缺大部分，粘接、补配后修复。

新石器时代

红陶三足钵

高 15.5 厘米，口径 26.2 厘米

河北省邯郸武安市磁山遗址出土

河北省文物考古研究院藏

＊

泥质红陶。敞口，深弧腹，圜底，三
个圆锥状外撇足，素面。胎较薄，大
部分残缺，经补配后修复。

新石器时代

彩陶叶纹敛口钵

高 11 厘米，口径 25 厘米，底径 8 厘米

河北省邯郸磁县界段营遗址出土

河北省文物考古研究院藏

＊

泥质红陶。敛口，丰肩，斜腹，平底。肩至口部以红彩绘六组叶
形纹，叶片上下有弧形三角纹，每组之间以平行细斜线纹相隔。
纹饰规整有序，线条自然流畅，特色鲜明，富有美感。

— 新石器时代 —

新石器时代

黑彩宽带纹钵

高 10.4 厘米，口径 30.8 厘米

河北省石家庄正定县南杨庄遗址出土

河北省文物考古研究院藏

＊

泥质黄褐陶。小方唇，敛口，浅腹斜曲，圜底。口沿
下以黑彩饰宽带纹一周。

新石器时代

红陶几何纹钵

高 9.2 厘米，口径 14.4 厘米

河北省石家庄正定县南杨庄遗址出土

河北省文物考古研究院藏

＊

泥质红陶。圆唇，口敛，深弧腹，平底。腹下部近底处以黑彩饰
窄带纹一周，其上至口沿以黑彩绘平行竖线纹。

— 新石器时代 —

红陶黑彩宽带纹钵

高 14.5 厘米，口径 33 厘米

河北省石家庄正定县南杨庄遗址出土

河北省文物考古研究院藏

＊

泥质红陶。圆唇，直口，腹斜曲，圜底。口沿下以黑
彩饰宽带纹一周。

红陶黑彩宽带纹钵

红陶平行斜线纹钵

高 8.4 厘米，口径 11.2 厘米

河北省石家庄正定县南杨庄遗址出土

河北省文物考古研究院藏

*

泥质红陶。口微敛，尖圆唇，深弧腹，最大径位于腹下部，圜底。腹下部近底处饰黑彩一周，其上至口沿处以黑彩绘平行斜线纹构成正、倒相间的三角形纹饰。

019

— 新石器时代 —

新石器时代

红陶指甲纹钵

高 10.5 厘米，口径 20.9 厘米

河北省邯郸武安市赵窑遗址出土

邯郸市博物馆藏

*

细泥红陶。圆唇，敛口，鼓肩，肩以下斜收，大平底，外壁下腹
至足饰细密、规整的指甲纹。胎体薄厚均匀，胎质细腻，器形规
整。指甲纹细密且有规律，口至中部残裂一处。

新石器时代

红顶陶钵

高 11 厘米，口径 23.3 厘米，底径 5 厘米

河北省邯郸武安市赵窑仰韶文化遗址出土

邯郸市博物馆藏

*

细泥红陶。圆唇，敛口，微鼓肩，肩以下弧壁斜收至底，小平底。
通体素面，外壁上口为宽带状橙黄色"红顶"边饰，下部为灰褐色
陶。胎体细腻，器形规整。整器残损，粘接后修复，部分有补配。

新石器时代

红陶三足罐

残高 27.6 厘米，口径 29.5 厘米

河北省邯郸武安市磁山遗址出土

邯郸市博物馆藏

＊

泥质红陶。口微敛，深腹，圜底，三足外撇，足已残。
素面，火候较高，胎较薄。

025

新石器时代

新石器时代

褐陶三角纹罐

高 21 厘米，口径 15.2 厘米，腹径 24 厘米

河北省石家庄正定县南杨庄遗址出土

河北省文物考古研究院藏

＊

泥质灰陶。敛口，短颈，圆鼓腹，圜底。腹中部饰黑彩一周，其
上至颈部绘正倒相间的黑彩三角纹。

新石器时代

褐陶平行线纹罐

高 23.6 厘米，口径 11.2 厘米，最大腹径 26.6 厘米，底径 6.4 厘米

河北省石家庄正定县南杨庄遗址出土

河北省文物考古研究院藏

＊

泥质灰陶。圆唇、直口、短颈，颈中部有凸棱一周，圆鼓腹，小平底。上腹近中部位置有对称桥形耳，一耳残。耳下部以黑彩饰细条纹一周，其上至颈部装饰数组以黑彩描绘的斜平行线纹。

新石器时代

红陶三角纹罐

高14厘米，口径13厘米

河北省石家庄正定县南杨庄遗址出土

河北省文物考古研究院藏

＊

泥质红陶。侈口，折沿上翘，圆鼓腹，圜底。
腹下部饰红彩一周，其上至颈部以红彩绘平
行线构成的正倒相间的三角纹饰。

新石器时代

新石器时代

红陶锯齿纹圜底罐

高 24.3 厘米，腹径 2 厘米，口径 23.5 厘米
河北省邯郸武安市赵窑遗址出土
邯郸市博物馆藏

＊

夹砂红陶。小圆唇，侈口，束颈，圆鼓腹，下腹渐收至底，小圜底，口沿下饰一周锯齿纹，纹饰清晰规整，刻纹较深，器身其他部位留有修坯痕迹。整器体形较大，器形规整，红陶夹砂较粗。通体残损，粘接修复。

新石器时代

灰陶折腹双耳瓶

通高 10.1 厘米，腹径 9.7 厘米
河北省邯郸武安市磁山遗址出土
邯郸市博物馆藏

＊

夹砂灰陶。圆唇，侈口，折腹，
上下腹分别向口沿和底斜收，小
平底。口沿下装对称双环形竖耳。

灰陶带鋬深腹罐

通高 25.3 厘米，口径 19.7 厘米

河北省邯郸武安市磁山遗址出土

邯郸市博物馆藏

＊

夹砂灰陶。敞口，口沿下两侧各有一竖耳，椭圆形深腹，小平底。器身遍饰绳纹。

新石器时代

彩陶盆

高 7.8 厘米，口径 16.7 厘米

河北省邯郸磁县下潘汪遗址出土

河北省文物考古研究院藏

＊

泥质红陶。敞口，窄沿外折，上腹部微鼓，下腹弧形内收，平底。下腹部和口沿处分别绘平行红彩条纹一周，中间填绘以弧形三角纹相错构成的花卉纹，纹饰间绘平行斜线纹。

新石器时代

彩陶折腹盆

高 8.8 厘米，口径 16 厘米

河北省邯郸磁县下潘汪遗址出土

河北省文物考古研究院藏

＊

泥质红陶。圆唇，敞口，窄沿，折腹，上腹部微内曲，下腹斜向
下内收，中间相交处形成外折棱，平底。近口沿和折棱处分别绘
平行红彩细条纹一周，之间用红彩填绘相向弧形三角纹构成的花
纹，间绘平行竖线纹数组，弧形三角的空白处点缀半圆纹。

新石器时代

红陶斜平行线三角纹壶

高 30.5 厘米，口径 7.5 厘米

河北省石家庄正定县南杨庄遗址出土

河北省文物考古研究院藏

*

泥质红陶。小口，宽斜沿，细颈，溜肩，圆鼓腹，小
平底。腹中部靠下位置以红彩绘细条纹一周，其上至
颈部装饰数组红彩斜平行纹填充的三角纹饰。

新石器时代

灰陶高足豆

高 9.3 厘米，口径 14.6 厘米，底径 7.4 厘米

河北省邯郸武安市磁山遗址出土

邯郸市博物馆藏

＊

泥质灰陶。圆唇，敞口，深弧腹，高圈足微外撇。素面。

新石器时代

灰陶碗

通高 7 厘米，口径 20.5 厘米

河北省邢台柏乡县小里仰韶文化遗址出土

邢台市文物保护和研究中心藏

＊

泥质灰陶。圆唇，口微敛，斜腹微曲，小平底。素面，
火候较高，胎较薄。

新石器时代

灰陶杯

高 7 厘米，直径 9.8 厘米
河北省保定易县北福地遗址出土
河北省文物考古研究院藏

＊

夹云母灰陶。胎体内有灰黑斑，内壁有黑色灰烬。直壁，平底，口沿下饰一周戳印坑点纹。陶杯出土于祭祀场内，应是专门用于祭祀的器物。

灰褐陶直腹盆

高 7.5 厘米，口径 13.5 厘米，底径 8 厘米

河北省保定易县北福地遗址出土

河北省文物考古研究院藏

＊

灰褐陶。方唇，敞口，斜直壁，平底。口
沿下饰短斜线纹一周。

新石器时代

灰褐陶人面具

高 20.5 厘米，宽 13.2 厘米

河北省保定易县北福地遗址出土

河北省文物考古研究院藏

＊

夹云母灰陶。利用陶器口沿及腹部残片，刻出完整人面像。整体呈倒梯形，脸部略窄，左侧有整齐的切割痕迹。额头及鼻子三角区部位呈褐色，其余部位呈红色。采用减地阳刻技法刻画，宽额下为尖弧形条状眉弓，镂孔菱形双眼。椭圆形阴刻粗条构成硕大的鼻部，双坑点鼻孔。减地刻出方形的口部，口微张，口下饰横"人"字形压印纹。额头一字并列三个穿孔，鼻下口两侧各一个穿孔。面具整体严肃庄重，推测主要用于祭祀活动。北福地遗址出土陶面具残片 145 片，是目前所见最早、保存最完整的史前面具。

CHINESE
CIZHOU KILN
CULTURE SYSTEM
THE EXQUISITE PORCELAIN
COLLECTION

夏商周（春秋战国）时期

夏

灰陶卵形三足瓮

高 46.5 厘米，口径 23.5 厘米

河北省张家口蔚县三关遗址出土

河北省文物考古研究院藏

*

泥质灰陶。敛口，宽平沿，长腹，下腹近球形，圆底，底部附有三个锥形足。通体满饰细绳纹。三足瓮又称蛋形瓮，其外形似一竖立的大型蛋，在生活中作为盛储器使用，也当作瓮棺葬具。

红陶瓮

高68厘米，口径26厘米，腹径50厘米
河北省石家庄藁城区台西遗址出土
河北省文物考古研究院藏

＊

夹砂红陶。斜方唇，敞口，短束颈，深鼓腹，最大径位于上腹部，平底微内凹。肩与腹连接处至腹部饰满交叉绳纹，近底部饰满竖绳纹，肩中部、腹下部各饰附加堆纹一周。

先商

红陶鼎

高 15.4 厘米，口径 23 厘米

河北省邯郸市复兴区霍北遗址出土

河北省文物考古研究院藏

＊

泥质红陶。盆形，卷沿近折，圆唇，弧腹外鼓微折，平底。扁四棱形足，底面较平，磨光。

— 夏商周（春秋战国）时期 —

商代

灰陶粗绳纹深腹鬲

高 16 厘米，口径 12 厘米
河北省石家庄藁城区台西遗址出土
河北省文物考古研究院藏

＊

夹砂灰陶。侈口，外口沿有一周凹槽，束颈，圆鼓腹，
分裆，三锥状足直立。器身装饰粗绳纹。

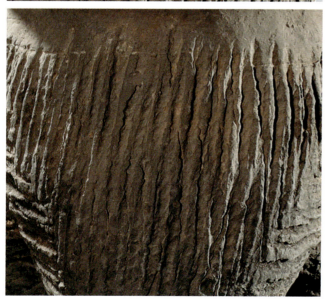

商代

灰陶附加堆纹侈口鬲

高 26.8 厘米，口径 23.4 厘米

河北省邯郸磁县下七垣遗址出土

邯郸市博物馆藏

＊

泥质灰陶。侈口，折沿上翘，束颈，腹微曲，浅裆，
袋状三足，足端呈乳头状。器身遍布绳纹，领部装饰
一周附加堆纹。器形规整，保存较完整。

商代

灰陶附加堆纹浅裆鬲

高 11.5 厘米，口径 11.4 厘米

河北省邯郸武安市赵窑遗址出土

邯郸市博物馆藏

＊

泥质灰陶。侈口，束颈，弧壁，鼓腹，浅裆，袋状足，足端呈乳头状，腹部及三足外壁以细腻附加堆纹装饰出颈部及三足轮廓，轮廓内以绳纹装饰。胎体较为细腻，器形规整，一足略低。保存较为完整，口沿处略有磕损。

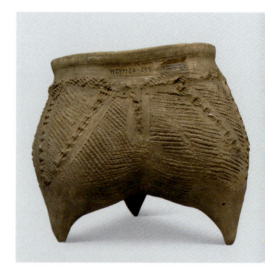

— 夏商周（春秋战国）时期 —

灰陶绳纹平裆鬲

高 10.2 厘米，口径 16.5 厘米，最大径 16.8 厘米
河北省邯郸武安市赵窑遗址出土
邯郸市博物馆藏

＊

泥质灰陶。方唇，侈口，束颈，弧壁，鼓腹，
平裆袋状底，三足端略呈突起状，腹、足外壁
满饰绳纹。胎质一般，器形规整。保存较为完
整，只在口沿处略有磕损。

— 夏商周（春秋战国）时期 —

战国

灰陶盖鼎

通高 27.5 厘米，通宽 38.5 厘米，口径 27.8 厘米，腹径 33.1 厘米

河北省邯郸复兴区百家村出土

邯郸市文物保护中心藏

*

泥质灰陶。敛口，鼓腹，圜底，耳微外侈，器盖附有三环形竖
纽，兽蹄形足，蹄足短矮。器身饰弦纹和卷云纹。

战国

红陶鼎

通高 45 厘米~51.5 厘米，直径 51 厘米~63 厘米

河北省保定易县燕下都九女台 16 号墓出土

河北省文物考古研究院藏

＊

泥质红陶。鼎身直唇，敛口，圆底，下承三个饕餮纹兽面蹄形足。鼎盖微隆起，上附三环耳，耳间饰出戟纹，盖面刻划七周绚索纹。器身阴线刻划三组纹饰，口沿下部和腹部各有一组飞虎纹，间以圆饼形饰，圆饼上刻有圆涡纹，腹下部刻划垂叶纹。鼎在古代是重要的食器和礼器，16 号墓出土的九件陶鼎仿铜器造型，形制基本相同，大小相似。宴飨和祭祀时，九鼎内分别盛放牛、羊、豕、干鱼、干腊肉、动物肠胃、猪肉、鲜鱼、鲜腊肉。

战国

黑陶磨光压划纹鼎

高 41.1 厘米，最大径 39.5 厘米

河北省石家庄平山县中山王響墓出土

河北省文物考古研究院藏

＊

磨光黑陶。鼎为圆鼓形盖，鼓腹，圜底，蹄形三足。鼎身上小下大，沉稳大方。鼎盖坡面上有三个等距离长纽，两只附耳向上渐薄并向外撇。鼎盖中心、坡面和周边多处磨光，上层内填卷云纹，下层内填三角纹，花纹雅致。鼎腹中心装饰六组变形虎纹，虎头昂起，虎尾上扬，四足腾空，似在快速奔跑。虎纹用压划手法制成，轮廓线为打磨过的黑线，光亮醒目。

战国

灰陶甗

通高 36 厘米，鼎口径 9.2 厘米，鼎腹径 24.1 厘米，甑口径 27.5 厘米

河北省邯郸复兴区百家村战国墓出土

邯郸市文物保护中心藏

*

泥质灰陶。上部为甑，下部为鼎，鼎为圆肩，球形腹，三足作兽蹄形，肩部左右各一环形纽，并扣一环。甑敞口平沿，深曲腹，圈足略向外撇。器身饰凹弦纹和暗纹，暗纹主要有弦纹、折线纹、卷云纹等。

战国

黑陶磨光压划纹甗

高 31.9 厘米，最大径 23.9 厘米

河北省石家庄平山县中山王礐墓出土

河北省文物考古研究院藏

*

磨光黑陶。甗的上部为甑，下部为鼎。鼎为敛口，直唇，圆肩，圆鼓腹，圜底，三蹄形足，肩两侧有环形耳。器表磨光与压划纹相间，上周饰兽形纹，下周内填波折纹的卷云纹。甑敞口折沿，深腹微鼓，平底，圈足，腹两侧各有一环形耳，底部中间一圆孔，周围环六个三角形孔。折沿饰内填满线纹的卷云纹。外表以凸弦纹和凹弦纹为格，上饰兽纹间 S 形纹，下饰内填横线纹的卷云纹。内壁上饰交叉 S 形纹，下饰内填波折纹的卷云纹。圈足套合在鼎口上。

商代

原始瓷尊

高 22.8 厘米，口径 24 厘米

河北省石家庄藁城区台西遗址出土

河北省文物考古研究院藏

※

瓷尊经修复。敞口，宽折沿上翘，折肩，斜
直腹，圜底。棕黄色釉，口沿内饰有多道平
行凹线纹，肩、腹部印满方格纹。

灰陶大敞口绳纹尊

高 52 厘米，口径 35.5 厘米

河北省石家庄藁城区台西遗址出土

河北省文物考古研究院藏

＊

泥质灰陶。出土于制酒作坊，当为储酒用器。圆唇，
大敞口，颈较长，深长腹近筒状，平底。颈部饰两周
平行附加堆纹，腹部饰满细绳纹。

商代

灰陶漏斗器

高 19.5 厘米，口径 22.5 厘米

河北省石家庄藁城区台西遗址出土

河北省文物考古研究院藏

＊

泥质灰陶。器身近似漏斗状。方唇，口微敛，腹
较浅，腹底正中有锥形流。腹部和流部皆饰有凹
弦纹。应为制酒器，用于灌注酒浆。

商代

红陶将军盔

高45厘米，口径40厘米

河北省石家庄藁城区台西遗址出土

河北省文物考古研究院藏

＊

夹砂红陶。口微敞，深腹呈漏斗状，陶胎近底处逐渐
加厚，小平底。口沿下饰两周凸棱纹，腹部饰满方格
纹，近底部饰细绳纹。可能为蒸煮酿酒原料的器具。

商代

灰陶网格纹簋

高 15 厘米，口径 20.5 厘米，底径 11.0 厘米

河北省邯郸武安市赵窑遗址出土

邯郸市博物馆藏

*

泥质灰陶。圆唇，敞口，束颈，深垂腹，弧形下腹渐收至底，下接喇叭状圈足，圈足粗短，束颈，足外撇。外腹部中饰两周平行凹弧纹，之间饰阴刻的网格纹一周，足部饰弦纹，整体胎体细腻紧实，造型规整。出土时多处残损，多处粘接、补配修复。

083

商代

灰陶菱形纹簋

高 15.2 厘米，口径 13 厘米

河北省石家庄藁城区台西遗址出土

河北省文物考古研究院藏

＊

泥质灰陶。圆唇，敛口，折沿上翘，束颈，深鼓腹，
平底，圈足。口内刻划纹一周，腹部饰两条宽带纹，
内刻菱形纹，圈足底端饰一周凹弦纹。

商代

灰陶双线三角划纹簋

高 15.5 厘米，口径 24.5 厘米

河北省定州市北庄子商代墓地出土

河北省文物考古研究院藏

＊

泥质灰陶。厚圆唇，敞口，斜直腹，高圈足。腹部
饰细绳纹和双线三角划纹一周。

黑陶罍

高 18 厘米，口径 35 厘米

河北省石家庄藁城区台西遗址出土

河北省文物考古研究院藏

＊

泥质黑陶。唇沿内斜，敛口，折肩，圆曲腹，
圈足。肩上有三耳，耳呈兽面形。肩、腹和
圈足均饰凹弦纹，腹下部印方格纹。

商代

灰陶盂

高 20.4 厘米

河北省石家庄藁城区台西遗址出土

河北省文物考古研究院藏

*

泥质灰陶。唇下斜，侈口，折沿外撇，束颈，颈
下有窄肩，深腹微曲，圈足较高外撇。腹和底部
均饰绳纹。

战国

红陶簋

通高 51.5 厘米，通宽 41 厘米～43 厘米

河北省保定易县燕下都九女台 16 号墓出土

河北省文物考古研究院藏

*

泥质红陶。方唇，直口，鼓腹，平底，方座。覆斗形方盖上附方形捉手，四抹角处各附一卧虎。虎头朝下呈匍匐状，两耳竖起，眼睛向下探视。腹两侧各伸出一高冠鸟头作把手，另外两侧中间饰上下弧形排棱。方座上面四角附有阶梯状围挡。器身曾朱绘卷云纹，现多已脱落。簋为食器和礼器，与鼎配套使用。16 号墓所出八件陶簋仿铜器造型，形制相同。

— 夏商周（春秋战国）时期 —

灰陶粗柄豆

高 13.2 厘米，口径 15.3 厘米，底径 9.5 厘米

河北省邯郸武安市赵窑遗址出土

邯郸市博物馆藏

＊

泥质灰陶。尖唇，敛口，浅弧腹盘，盘腹渐收至底，下接喇叭状柄，柄较高，束颈，足外撇，外口沿及柄束腰处饰阴刻弦纹三周。器形规整，胎体细腻紧实。口、底沿有轻微磕损。

090

—— 中国磁州窑文化大系 ——

091

商代

灰陶磨光喇叭高圈足豆

高 13.4 厘米，口径 20 厘米

河北省石家庄藁城区台西遗址出土

河北省文物考古研究院藏

＊

泥质灰陶。口微敞，浅腹斜曲，圜底钵形，喇叭形高圈足。器表磨光，盘底饰绳纹，圈足中部饰平行凹弦纹两周，中间有四个对称的长方形镂空。

战国

灰陶盖豆

通高 22 厘米，通宽 18.8 厘米

河北省邢台市邢钢东生活区 3 号楼施工工地出土

邢台市文物保护和研究中心藏

＊

泥质灰陶。子母口，球形腹，细柄，底座似喇叭形，
圆形手握浅盘形盖。

战国

红陶盖豆

通高 38 厘米~ 40 厘米，腹径 18 厘米~ 19 厘米

河北省保定易县燕下都九女台 16 号墓出土

河北省文物考古研究院藏

＊

泥质红陶。小口外侈，短颈，束腰式把手。器身为扁圆鼓腹，细高柄，喇叭形圈足。盖面刻划两周交叉的"S"形纹饰，肩部和腹部刻划两组层叠的山形纹，中间一组涡纹，圈足上刻划两组山形纹。

战国

红陶高足豆

通高 52 厘米，口径 21 厘米，圈足径 18 厘米

河北省保定易县燕下都九女台 16 号墓出土

河北省文物考古研究院藏

＊

泥质红陶。敛口、圆曲腹，半球状盖，侧附两环耳，上有三兽足
状长纽，盖倒置也可做一器皿使用。腹部两侧对称环耳，细高柄，
喇叭形圈足。器身朱绘纹饰大都脱落，隐约可见卷云纹。

战国

灰陶 "S" 纹盘

通高 7 厘米，口径 30 厘米

河北省邯郸复兴区百家村出土

邯郸市文物保护中心藏

*

泥质灰陶。方唇，敞口，斜曲腹，圈足较矮。

盘内以 "S" 纹、折线纹等暗纹装饰。

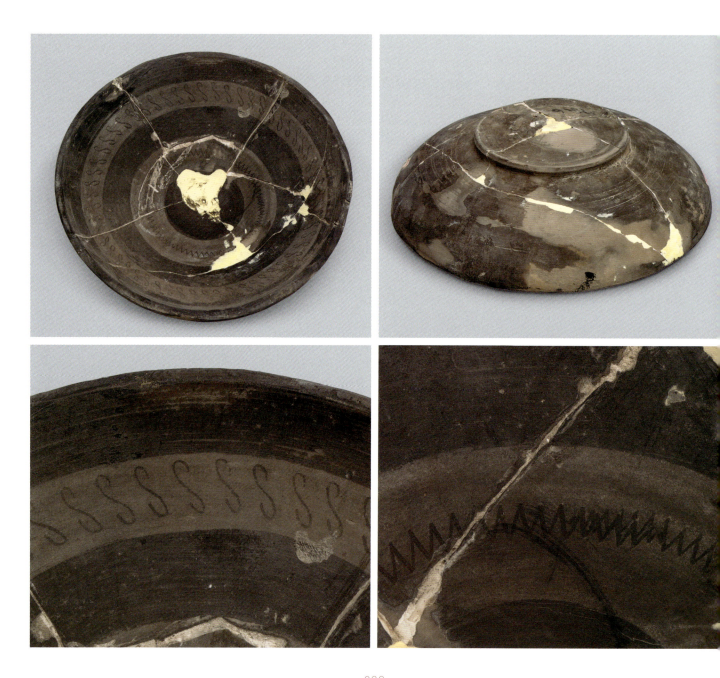

099

夏商周（春秋战国）时期

战国

红陶圈足盘

高 23.5 厘米，口径 45.5 厘米

河北省保定易县燕下都九女台 16 号墓出土

河北省文物考古研究院藏

*

泥质红陶。口微内敛，平折沿较宽，浅腹，口沿下两侧各有一向外侈的长方形附耳，圈足中部向内收，近底处刻凹弦纹两周。陶质细腻，器形规整。盘为盛水器，多与匜、盉配套使用。商周贵族在祭祀、宴饮等礼仪活动前要行沃盥之礼，用匜或盉倒水洗手，以盘承接弃水。

战国

灰陶鸟柱盘

通高 16 厘米，通宽 20.5 厘米

河北省邢台市邢钢东生活区 3 号楼施工工地出土

邢台市文物保护和研究中心藏

＊

泥质灰陶。方唇，敛口，腹斜曲，饼足。盘底中心矗
立一柱，柱顶端为鸟状饰，呈昂首敛翅状，鸟背有孔。

战国

灰陶鸟柱形高足盘

通高 39.7 厘米，盘径 33.5 厘米

河北省邯郸复兴区百家村出土

邯郸市博物馆藏

＊

泥质灰陶。该器由鸟形柱、陶盘和筒形器三部分组成。陶盘为敞口、斜曲腹、平底。盘中立一圆柱，柱顶端塑鸟一只，身形圆润，作展翅飞翔状。鸟柱盘架于筒形器口沿上，筒形器内部中空，器身均匀分布三组凹弦纹。一般认为鸟柱盘是盛装油脂用以照明的明烛，而筒形器则是用以为明烛供热的镫。二者合为一器仅在战国时期可见，是灯具的一种早期类型，故可名之为"镫灯"。

战国

黑陶磨光压划纹鸟柱盘

高 23.4 厘米，口径 36.2 厘米

河北省石家庄平山县中山王䌏墓出土

河北省文物考古研究院藏

米

磨光黑陶。方唇，折沿，深腹，圜底，圈足。盘中立
一圆柱，柱顶有一飞鸟，柱上饰三组弦纹。鸟身饰满
波折纹。盘沿饰两周"S"形纹，侧壁饰内填横线纹的
卷云纹和内填波折纹的三角形纹各一周。

战国

灰陶莲瓣纽盖壶

通高 40.2 厘米，口径 15.8 厘米，腹径 24.1 厘米

河北省邯郸复兴区百家村出土

邯郸市文物保护中心藏

＊

泥质灰陶。敞口，平唇，长颈较粗，鼓腹，假圈足。
盖中部隆起，盖上附莲瓣纽四个，器盖与器身均施红
彩，器身有四道凸起的弦纹。

战国

灰陶高足盖壶

通高 24.5 厘米，口径 5 厘米，腹径 13.2 厘米
河北省邯郸复兴区百家村出土
邯郸市文物保护中心藏

＊

泥质灰陶。口小微外侈，短颈，溜肩，垂腹，下承喇叭形高足。器上有一盖，盖、颈、腹上均饰有凹弦纹。

红陶敛口垂腹双耳壶

高 22.2 厘米，口径 6.7 厘米，腹径 15.3 厘米，底径 10.3 厘米
河北省邯郸武安市赵窑遗址出土
邯郸市博物馆藏

＊

泥质红陶。小圆唇，敛口，垂腹，自肩部至腹部逐渐加粗，高圈足，颈部两侧分别饰环形双耳，圈足两侧有一组对称的圆形穿孔，与颈部的环形双耳相对应，通体素面。胎体细腻，器形规整。整器较为完整，圈足部位有磕损。

战国

灰陶盖壶

通高 36.2 厘米，口径 15 厘米，腹径 24.8 厘米

河北省邯郸复兴区百家村出土

邯郸市文物保护中心藏

*

泥质灰陶。敞口，长颈较粗，圆肩，腹较直斜收。器上有一尖顶盖，器身饰黑彩弦纹、折线纹等。

战国

黑陶磨光压划纹球腹壶

通高 33.4 厘米，最大径 14 厘米

河北省石家庄平山县中山王響墓出土

河北省文物考古研究院藏

＊

磨光黑陶。敞口平唇，细长颈，圆球形腹，喇叭形高足。有盖，盖上有小圆形纽，除外表饰内填横线纹的卷云纹外，其余均磨光。颈上部饰多道弦纹，下部磨光。肩部上下各有两道凹弦纹，中间磨光和内填波折纹的卷云纹。腹部磨光并饰弦纹，高足上部饰多道弦纹并磨光，下部为"S"形纹和内填波折纹的三角形纹。

战国

黑陶磨光压印纹圆壶

高 52.7 厘米，口径 15.9 厘米，腹径 27.3 厘米

河北省石家庄平山县中山王礜墓出土

河北省文物考古研究院藏

※

磨光黑陶。敞口平沿、细长颈，溜肩，圆弧腹内收，平底圈足。
有盖，盖顶饰三个有孔长形纽，顶心磨光，根据纹饰可分为内外
两区，以两道弦纹间隔并磨光，内区顶心围绕有十一个三角形，
三角形内填有波折纹，外区饰内填波折纹的卷云纹和"S"形纹，
三个一组，以盖纽间隔，共三组，围绕两道弦纹，周边磨光。口
沿下饰多道弦纹，颈部偏上饰一周内填横线的卷云纹，颈部下方
至肩部饰三道弦纹，弦纹上下及自身磨光，下饰一周内填波折的
三角形纹，间隔一条磨光带，饰一周内填波折纹的卷云纹。腹中
部饰三周凹弦纹并磨光，磨光带下饰"S"形纹，腹中部偏下饰
一周磨光带，并内填两周凹弦纹。圈足上有一周凸棱。

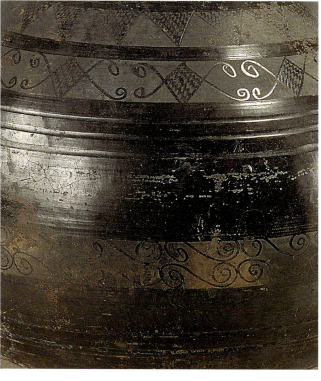

战国

红陶圆壶

通高 70.2 厘米，口径 18.5 厘米，腹径 44 厘米，圈足径 25 厘米

河北省保定易县燕下都九女台 16 号墓出土

河北省文物考古研究院藏

＊

泥质红陶。口微敞，长粗颈，圆鼓腹，圈足。有盖，盖上有对称的四个鸟形纽，盖面朱绘卷云纹。腹部两侧各附一兽面衔环，器身饰满三角云纹、麟纹、雷纹、卷云纹等图案。

红陶方壶

高 81 厘米~ 83 厘米，腹径 34 厘米~ 38 厘米

河北省保定易县燕下都九女台 16 号墓出土

河北省文物考古研究院藏

＊

泥质红陶。方口微侈，方颈粗长，圆鼓腹，方圈足。方盖，母口，盖面顶空，盖周边以八片莲瓣组成盖组。颈部四面饰兽首衔环，四抹角各饰一向上攀爬的回首卧虎。长颈中部和颈、腹连接处堆雕出两周凸节带，并于攒尖处上下通连。满施朱绘，多已脱落。

战国

红陶带流壶

通高 32.7 厘米，连耳宽 36 厘米

河北省保定易县燕下都九女台 16 号墓出土

河北省文物考古研究院藏

*

泥质红陶。方唇，平折沿，口微敞，短束颈，圆鼓腹，圈足。口部有一半筒
状流，肩部两侧各附有一虎形把手，虎作回首翘尾状。器身四周贴宽带纹。
满饰朱绘，大都脱落，隐约可见三角云纹、卷云纹。

夏商周（春秋战国）时期 —

战国

黑陶磨光压划纹筒形器

高 24.2 厘米，口径 16.6 厘米
河北省石家庄平山县中山王䃔墓出土
河北省文物考古研究院藏

＊

磨光黑陶。圆筒状，方唇，敞口，折沿下撇，腹部稍鼓，平底，圈足。口沿饰一周"S"形纹，器身由凹弦纹将颈部以下分成三部分，上下两部分饰内填波折纹的卷云纹，中部饰波折纹和"S"形纹。

灰陶绳纹敞口鼓腹三系罍

高 34.6 厘米，口径 11.6 厘米，底径 13.5 厘米
河北省邯郸武安市赵窑遗址出土
邯郸市博物馆藏

＊

泥质灰陶。敞口，圆肩，鼓腹，下腹斜收，平底，肩部两侧及一侧下腹部各饰一环形系，外壁满饰细绳纹，以双弦纹分隔为四部分。整体器形较大。胎体细腻，器形规整，口残，修复，底残裂。

商代

灰陶罐

高 28.6 厘米，口径 11.1 厘米，最大腹径 20.6 厘米，底径 10.5 厘米

河北省定州市北庄子遗址出土

河北省文物考古研究院藏

＊

泥质灰陶。口微侈，短颈，斜肩，圆鼓腹，平底。腹中部有对称桥形耳。肩部深刻三道平行凹弦纹，第一、二道凹弦纹间刻一周三角纹，腹部饰多组菱形纹拼合纹饰，每一组菱形纹由多个菱形纹套合而成，间隙处饰平行斜线纹。整体纹饰独特，富于变化，器形规整，端庄朴素。

商代

灰陶直领鼓肩罐

高 32 厘米，口径 13 厘米，最大腹径 28.7 厘米，底径 12.5 厘米
河北省定州市北庄子商代墓地出土
河北省文物考古研究院藏

＊

泥质灰陶。折沿较窄，直颈略长，圆鼓肩，肩下部饰一对对称
桥形耳，腹部斜弧内收，平底。肩部阴刻三周浅弦纹，下腹部
饰一周内填细绳纹的三角纹。

商代

白陶罐

高 33.3 厘米，宽 30.3 厘米，深 31.1 厘米

河南安阳地区出土

美国弗里尔美术馆藏

白陶。黏土坚硬，白色，未上釉。有浮雕雕刻设计，三个浮雕的穿孔竖纽呈水牛头的形状，脖子上有红色颜料的痕迹。在商末都城安阳附近，人们发现了数量如此之少的罕见的商白陶，这可能是一个专门作坊的产物。这种易碎的器皿由纯白色黏土制成，可能是为了葬仪等制作的。白色陶器上的雕刻和冲压图案类似于青铜器皿装饰，但作为一个独立的序列发展起来。

灰陶细绳纹束颈罐

高 25.5 厘米，口径 18 厘米

河北省定州北庄子商代墓地出土

河北省文物考古研究院藏

※

泥质灰陶。方唇，侈口，束颈，折肩，深腹，小
平底。腹至底部饰满竖向细绳纹。

商代

灰陶大口罐

高 24 厘米，口径 29 厘米

河北省石家庄藁城区台西遗址出土

河北省文物考古研究院藏

*

泥质灰陶。方唇，敛口，折沿上翘，束颈，折肩，斜腹微曲，平底。肩部素面，腹部饰满绳纹，上腹部饰两周弦纹。

商代

灰陶雷纹敞口罐

高 15 厘米，口径 17.5 厘米

河北省石家庄藁城区台西遗址出土

河北省文物考古研究院藏

＊

泥质灰陶。侈口，平折沿，沿上有棱状凸起，
椭圆形深腹，圜底。腹部满饰雷纹。

商代

黑陶罍

高 30.5 厘米，口径 12.5 厘米

河北省石家庄藁城区台西遗址出土

河北省文物考古研究院藏

*

泥质黑陶。小口内敛，内斜唇，折肩向内，深鼓腹，平底。肩腹
转折处有三个扁平桥形竖耳，肩和腹上部磨光，肩部饰凹弦纹三
周，耳下印绳纹，绳纹上加划弦纹三周。

战国

红陶罐

高 36.5 厘米，腹径 39.6 厘米

河北省保定易县燕下都九女台 16 号墓出土

河北省文物考古研究院藏

※

泥质红陶。方唇，小口微敞，短束颈，圆鼓腹，平底
微内凹。肩两侧饰羊兽面衔环、罐身饰朱绘，隐约可
见斜角云纹、卷云纹、三角云纹等。

战国

黑陶弦纹磨光双耳敦

高10厘米，口径12.5厘米，底径7.5厘米

河北省邯郸冀南新区马头镇车骑关北沟出土

邯郸市博物馆藏

＊

泥质黑陶。腹微鼓，饼足。腹部有对称双耳，耳上有孔。敦有盖，盖顶有圆形捉手，子母口，器身装饰有弦纹。敦流行于战国时期，是古代盛黍稷等的器具。

战国

灰陶 "邯亭" 钵

高 19.3 厘米，口径 24.8 厘米，底径 13.2 厘米
河北省邯郸市防空洞遗址出土
邯郸市博物馆藏

＊

泥质灰陶。厚圆唇，大口微敞，折腹，上腹斜直，下
腹折收，饼足。钵内壁有多圈回旋纹，内底有印花，
纹饰优美。钵底足有两枚圆形篆文 "邯亭" 戳记。

商代

灰陶绳纹敞口盆

高 4.7 厘米，口径 28 厘米，底径 14.2 厘米

河北省邯郸武安市赵窑遗址出土

邯郸市博物馆藏

*

泥质灰陶。圆唇，平沿外撇，敞口，微弧壁，腹部斜收向下，平底，外壁及底部饰绳纹。胎体疏松，器形不甚规整。整体残损严重，多处补配、粘接修复。

战国

灰陶兽首流盆

通高 16 厘米，口径 26.5 厘米，通宽 30.5 厘米

河北省邯郸复兴区百家村出土

邯郸市文物保护中心藏

＊

泥质灰陶。口微敛，斜沿较宽，鼓腹下收，假圈足。在器口稍下一端，突出一兽首流，兽首小圆耳，高鼻，双目圆睁，做张口状。器腹饰有凸弦纹一周。

西周

灰陶细绳纹宽沿折腹盆

高 10 厘米，口径 33.2 厘米，底径 12 厘米

河北省邯郸武安市磁山遗址出土

邯郸市博物馆藏

＊

泥质灰陶。直口，折沿宽平，折腹，上腹较
直，下腹斜直微曲，平底。盆外壁饰细绳纹。
该器造型规整，古朴大气。

战国

灰陶折腹碗

通高 5.5 厘米，口径 15.5 厘米

河北省邢台市团结路工地采集

邢台市文物保护和研究中心藏

*

泥质灰陶。圆唇较宽，直口，折腹，上腹直，

下腹斜收，小平底。器身轮制痕迹明显。

战国

灰陶折沿回耳鉴

高 20.5 厘米，宽 13.2 厘米

邯郸市博物馆藏

＊

泥质灰陶。口微敞，平折沿较宽，腹斜曲，饼足。器
身对称分布有四回耳。腹部饰三周平行凸弦纹，器身
以红彩绘卷云暗纹，纹饰规整，色彩鲜艳。

战国

灰陶鉴

通高 21.8 厘米，口径 46.8 厘米

河北省邯郸复兴区百家村出土

邯郸市文物保护中心藏

*

泥质灰陶。直口，宽平沿，腹上部鼓，下斜收，假圈足。肩部有
两个环形系纽，腹上部饰有卷云暗纹及凸弦纹，下部饰弦纹。

战国

红陶鉴

高 46.5 厘米，口径 77 厘米，带耳宽 94 厘米

河北省保定易县燕下都九女台 16 号墓出土

河北省文物考古研究院藏

＊

泥质红陶。大口，弧壁，圜底，圈足。腹壁上部附对
称的四个兽面耳，耳之间饰对称的四个压印的长方形
饕餮纹。器身装饰五层花纹，自上而下分别为山形纹、
两层云雷纹、蟠螭纹、双凤垂叶纹。整体装饰华丽，
端庄大气。

红陶鉴

灰陶盉

通高 26.5 厘米，通宽 29.2 厘米，口径 5.4 厘米，腹径 21 厘米

河北省邯郸复兴区百家村出土

邯郸市文物保护中心藏

*

泥质灰陶。小口，半圆形提梁，三个大兽蹄足，腹上部一端有兽
头流，与流对称的一端，有一似兽尾短柄翘起。上腹部装饰三周
平行凹弦纹。有球形盖。

战国

彩绘陶盉

高 26 厘米，口径 12 厘米

河北省邢台市信都区东董村战国墓出土

河北省文物考古研究院藏

＊

泥质灰陶。兽头流，圆嘴，长颈，圆鼓腹，背上有直
领口，口上扣半球形盖，后附一蜷曲的兽尾。上有拱
形提梁，下有三矮足。满饰彩绘红底白点纹。

战国

灰陶尊

通高 16.4 厘米，通宽 32.4 厘米，口径 4.3 厘米，腹径 19 厘米

河北省邯郸复兴区百家村出土

邯郸市文物保护中心藏

＊

泥质灰陶。器盖为小平顶，桥形纽，器身塑成鸭形，流口作椭圆
形鸭首状，另一侧器柄作扁方形上翘鸭尾状，腿短粗，扁圆形蹼。
器身施以朱彩，多已剥落。

战国

黑陶磨光压划纹鸭形尊

通高 27.8，通宽 36.2 厘米

河北省石家庄平山县中山王譽墓出土

河北省文物考古研究院

＊

磨光黑陶。小口直唇。器身呈鸭形，圆鼓腹，前为曲颈鸭首，圆眼，长喙为流，另一侧装鸭尾，鸭尾为板状，平底，底部有一双鸭足。有盖，盖上有小圆形纽，除外表饰内填横线纹的卷云纹外，余均磨光。器身由四组双凹弦纹分为三部分，上部饰一周兽形纹和"S"形纹，中部饰一周内填波折纹的卷云纹，下部饰一周弦纹并磨光。鸭首两侧，鸭尾上侧皆饰"S"形纹。

战国

彩绘陶凫尊

高 27 厘米，通长 28 厘米
河北省邢台市信都区东董村战国墓出土
河北省文物考古研究院藏

＊

泥质灰陶。长颈禽鸟形尊，圆嘴作噘起状，曲颈向上，
圆鼓腹略扁，腹上有口，顶圆形盖，下有两喇叭形粗
足，腹另一侧装板形扁尾。器身满饰红白相间的彩绘，
可见圆点纹、环纹、斜线纹等。

战国

红陶匜

高 16.8 厘米，通宽约 30 厘米

河北省保定易县燕下都九女台 16 号墓出土

河北省文物考古研究院藏

＊

泥质红陶。流部平视呈瓢形，一侧为半筒状流，另一侧为飞凤形把手，下接三只蹄形足，足上部雕刻出兽面。凤首、兽面雕刻精致，具有较高的观赏性。匜为水器，用于沃盥之礼，多与盘配套使用。

战国

红陶盨

高 16 厘米，长 36.5 厘米，宽 19 厘米

河北省保定易县燕下都九女台 16 号墓出土

河北省文物考古研究院藏

＊

盨是古代用于盛放食物的器具。整体呈椭圆形，方唇，口微敛，
腹略鼓，圈足。腹两端各有一兽面耳，圈足上有三角形缺口。
器身原有朱绘，大都脱落，隐约可见卷云纹、蝉纹。

战国

红陶酱釉带盖灯

通高 16 厘米，通宽 18 厘米

河北省邢台信都区三超公司家属院出土

邢台市文物保护和研究中心藏

＊

泥质红陶。灯盘为直口，浅弧腹。盘上有半球形器盖，盖顶有一锥形纽。灯柄较粗，与浅碟形灯座连为一体，灯座为敞口，平折沿。陶灯整体施酱釉，盖面饰四叶纹，灯柄上装饰凸弦纹和绳纹，灯座内壁有两周凸弦纹。

商代

灰陶四面人头形器盖

高8厘米，口径8厘米

河北省石家庄藁城区台西遗址出土

河北省文物考古研究院藏

＊

泥质灰陶。器表磨光，盖面无纽，四角每角各刻一个人头形装饰，下有子母口。人头相互对称，皆圆眼，翘鼻，高颧骨，尖下颏。眼睛的刻画与台西遗址出土的一件黑陶簋口沿上陶文符号"臣"字基本一致。

CHINESE
CIZHOU KILN
CULTURE SYSTEM
THE EXQUISITE PORCELAIN
COLLECTION

秦汉至北朝时期

彩绘陶鼎

高 21.2 厘米，口径 21 厘米

河北省保定满城区刘胜墓出土

河北博物院藏

*

泥质灰陶。子母口，腹上部较直，下腹斜曲、方形鼎耳侧装外撇，圜底，附三只兽面蹄形足。鼎上扣合覆钵式鼎盖，盖面无捉手，盖面饰以红白彩绘圆圈纹、云纹等。

红陶鼎

通高 17.5 厘米，残宽 22.2 厘米

河北省邢台市信都区邢台旅馆考古工地第 49 号墓出土

邢台市文物保护和研究中心藏

＊

泥质红陶。敛口，折肩，折腹，平底，有三只蹄形足，两耳残缺。
圆弧形器盖，盖中心有一圆突，盖面以凸弦纹分隔成三组，分别
装饰卷云纹和短斜平行纹饰。

魏晋

灰陶双附耳鼎

通高 30 厘米，口径 16.5 厘米

河北省邯郸复兴区户村出土

邯郸市博物馆藏

＊

泥质灰陶。敛口，斜肩，上腹直，下腹圆曲，下承三只兽面高蹄形足。上腹部装饰凸棱一周。覆钵形盖，双附耳，耳上有穿孔，存有陶铉横贯鼎耳，《说文解字》记载："铉，举鼎具也。易谓之铉，礼谓之鼎。"带铉鼎较为少见。此器造型优美，为汉代陶鼎精品。

北齐

灰陶奁形鼎

高 25.8 厘米，直径 29.5 厘米

河北省邯郸磁县北齐高洋墓出土

北朝考古博物馆藏

＊

泥质灰陶。直口，平沿，斜直腹，平底，口沿下有两个对称的平折耳，下承三个外撇兽蹄形足。外壁有三组纹饰，每组三至四道细线凹弦纹。

曹魏

红陶炉

高 7.7 厘米，口径 17 厘米

河北省邯郸临漳县上柳村西京港澳高速公路 M1207 出土

邺城考古队存

*

泥质红陶。炉身侈口，曲腹，圜底，乳丁状三足。内壁
近口沿处可见支撑炉盖的三个尖状凸起，腹部对称分布
一周三个长方形镂孔，底部一周三个半月形镂孔。外侧
近口沿处有两周凹弦纹。

秦汉至北朝时期

釉陶炉

炉身通高 13.8 厘米，口径 19 厘米

承盘通高 5.7 厘米，口径 19.4 厘米

河北省邯郸临漳县上柳村东京港澳高速公路 M1201 出土

邺城考古队存

※

泥质红陶。局部施绿釉。由炉盖、炉身和承盘等三部分
组成，炉盖缺失。炉身直口，曲腹，圜底，三乳丁状足，
腹身和底部均匀分布长方形和半月形镂孔。承盘敞口，
口沿略外翻，斜壁，深腹，平底，三足。

西汉

灰陶甗

通高 55 厘米，腹径 37.3 厘米

河北省保定满城区刘胜墓出土

河北博物院藏

✳

泥质灰陶。甗的体型较大，为蒸煮器，由甑和釜两部分组成，上面的甑用来盛放食物，下面的釜用以盛水，中间设有通气的箅子。此甑敞口，平折沿，斜直腹，圈足，底部布满圆形箅孔。釜敛口，肩部向上斜直内收，圆鼓腹，平底。腹中部有对称双耳。

灰陶甑

通高 31.2 厘米，口径 38.4 厘米，底径 18.6 厘米

河北省石家庄鹿泉区高庄汉墓出土

河北省文物考古研究院藏

＊

泥质灰陶。敞口，方唇，平折沿，腹斜收，略鼓，下部突内收，圈足，器底密布细箅孔。

灰陶釜

通高 33.6 厘米，口径 15.6 厘米，腹径 34.2 厘米，底径 10.2 厘米

河北省石家庄鹿泉区高庄汉墓出土

河北省文物考古研究院藏

*

泥质灰陶。直口，折肩，鼓腹，腹下部内收，小平底，肩部有
对称的铺首一对，腹中部饰扉棱。

汉代

灰陶盒

高 10.4 厘米，直径 22.2 厘米，底径 18 厘米

磁州窑博物馆藏

＊

泥质灰陶。陶盒由盒身和盒盖两部分组成，整体呈扁圆形。子母口，腹微斜
曲，平底。盒盖和盒身底部各有一圈弦纹。汉代"合"字是有盖器物的单
位，最后衍生出"盒"字，"盒"具有包容内敛的象征意义。此器物制作规
整，线条流畅，尽显和合之美。

西汉

彩绘陶盒

通高 15.7 厘米，腹径 19.8 厘米，底径 9.3 厘米，盖高 6.7 厘米

河北省保定满城区刘胜墓出土

河北博物院藏

＊

泥质灰陶。子母口，腹部微鼓，平底矮圈足。盖如覆钵，上部微
鼓，顶部有圆形捉手。器身以褐彩涂地，上绘红、黄、白等色纹
饰。器盖顶部绘变形夔龙纹，周缘施变形云气纹。器身腹部朱绘
两道宽弦纹，内填三角纹。纹饰繁丽，色彩鲜艳。

西晋

灰陶多子盒

高 6.7 厘米，长 28.7 厘米，宽 18.5 厘米

河北省邢台信都区邢煤工人村西晋墓出土

邢台市文物保护和研究中心藏

＊

泥质灰陶。多子盒为盛食器，多用来盛装糕点果品。
平面呈长方形，子口，盒内有大小方格十五个，圈足，
底面每面均作"凸"字形阶梯状。整体制作规整，造
型端庄。

西汉

釉陶盘口壶

通高 22.5 厘米
河北省邢台襄都区建材住宅楼出土
邢台市文物保护和研究中心藏

＊

泥质红陶。盘口有变形，口沿较宽，束颈，溜肩，垂腹，平底。
肩部和腹部各有两周凸弦纹，通体施褐釉。该壶造型端庄大气，
釉色纯正，反映了汉代人的审美取向和社会风尚。

191

汉代

釉陶壶

高 34 厘米，口径 13.5 厘米
河北省邯郸磁县南水北调双庙取土场出土
磁州窑博物馆藏

＊

泥质红陶。敞口，平沿，长束颈，溜肩，折腹，
折腹下渐收，高足，平底。通体施绿釉。

西汉

彩绘陶壶

高 34 厘米，口径 16.5 厘米

河北省保定满城区刘胜墓出土

河北博物院藏

米

泥质灰陶。侈口，束颈较粗长，溜肩，鼓腹。上有弧面形
盖，盖上无捉手。通体饰彩绘，以褐色为地，再用红、蓝、
白、浅黄色描绘出花纹，纹饰色彩鲜艳，繁缛华丽。

汉代

红陶白衣敞口壶

高 22.3 厘米，口径 10.4 厘米，腹径 19.3 厘米

河北省邯郸邯山区渚河桥出土

邯郸市文物保护中心藏

＊

泥质红陶。敞口，平沿，束颈，溜肩，鼓腹，下腹斜曲，矮圈足。
壶身有陶衣和彩绘。多处裂纹，修补完整。

汉代

红陶盘口铺首衔环壶

高 33.3 厘米，口径 14.6 厘米，腹径 22.4 厘米

河北省邯郸复兴区百家村水泥厂出土

邯郸市文物保护中心藏

＊

泥质红陶。盘口、束颈，溜肩，鼓腹，平底。肩颈连接处塑成直壁倒盘口形，与盘口对称。肩部对称贴塑铺首衔环。颈部和肩部各有两圈凸弦纹，下腹部饰多道平行凹弦纹。

汉代

灰陶盘口铺首衔环壶

通高 33.3 厘米，口径 14.6 厘米，腹径 22.4 厘米

河北省邯郸复兴区百家村水泥厂出土

邯郸市文物保护中心藏

*

泥质灰陶。盘口，束颈，溜肩，鼓腹，平底。颈部和
肩部各有两圈凸弦纹，腹中部饰一圈凹弦纹，肩部对
称贴塑兽面衔环铺首。

— 秦汉至北朝时期 —

灰陶壶

高 23 厘米，口径 8.3 厘米，底径 7 厘米

磁州窑博物馆藏

＊

泥质灰陶。罐盖微隆起，盖沿外侈，溜肩，鼓腹，腹下渐收，平底。通体素面。陶罐器形完整，线条流畅。

汉代

红陶双系壶

高 17.3 厘米，口径 5.5 厘米，底径 12.5 厘米

磁州窑博物馆藏

＊

泥质红陶。圆唇，直口，溜肩，鼓腹，下腹斜直，平底。肩部原有双系，缺一系。通体素面。

汉代

红陶提梁壶

高 11.3 厘米，底径 6 厘米

磁州窑博物馆藏

＊

泥质红陶。圆唇，直口，丰肩，鼓腹，下腹内收，平底，短流，流有残缺。
弧形提梁与壶身连成一体，肩部隐约可见印花。此器物造型规整，线条流畅，
颇具审美情趣。

西晋

灰陶扁壶

通高 14.5 厘米，长 13 厘米，宽 8.3 厘米

河北省邯郸临漳县上柳村东南京港澳高速公路 1267 墓出土

邺城考古队存

*

泥质灰陶。对半模制。整体呈圆角长方形，直口，折肩，直壁，平底。肩两侧对称各有一桥形耳，底部有两对称长方形扁足。

西晋

灰陶扁壶

高 16 厘米，口径 4.2 厘米

河北省邢台信都区卧庄出土

邢台市文物保护和研究中心藏

＊

泥质灰陶。小直口，高领，广肩弧面，扁方形壶身，平底微圜，下有两个条形足。两肩各有一个可穿绳的对称桥形系。

汉代

灰陶双耳瓶

高 30.2 厘米，口径 15.5 厘米，底径 9.7 厘米

磁州窑博物馆藏

＊

泥质灰陶。侈口，粗长颈，溜肩，鼓腹，平底。颈部有夔龙形双耳。通体素面。整体造型规整，古朴大方。

西汉

灰陶缸

通高 73.6 厘米，口径 22.4 厘米，腹径 42 厘米，底径 21.6 厘米

河北省石家庄鹿泉区高庄汉墓出土

河北省文物考古研究院藏

＊

泥质灰陶。方形，直口方唇，斜肩直壁，平底斜收略内凹，盝
顶盖，子母口，素面，肩部有锐器刻划之"四石"字样。

西汉

灰陶钫

通高 35.2 厘米，口径 11.2 厘米，腹径 19.6 厘米，底径 10 厘米，盖高 1.6 厘米
河北省石家庄鹿泉区高庄汉墓出土
河北省文物考古研究院藏

＊

泥质灰陶。口微敞，直径，溜肩鼓腹，腹下部内收，圈足。子母口，口、颈、圈足皆呈方形，肩腹部交接处饰铺首衔环一对，整器及顶盖皆素面。

西汉

灰陶瓮

高 62 厘米，口径 41 厘米

河北省保定满城区刘胜墓出土

河北博物院藏

＊

泥质灰陶。大口微敞，卷沿，短束颈，长
圜腹，圆底。体型较大，胎体厚重。颈部
饰一周刻划弦纹，余为素面。瓮内残存有
岩松鼠、社鼠、黄鼬的动物骨骼。

西汉

釉陶罐

高 25.4 厘米，口径 12.3 厘米

河北省保定满城区刘胜墓出土

河北博物院藏

＊

釉陶。方唇，敞口，斜直领，广肩鼓腹，腹较深，
最大径位于上腹部，平底。肩部有两个对称的小
纽状耳。器表施酱釉，肩部有两道平行凹弦纹，
器身上满饰细密的小方格纹。

汉代

红陶双系条纹罐

高 24 厘米，口径 12.3 厘米，底径 14.2 厘米

磁州窑博物馆藏

＊

泥质红陶。圆唇，直口，短颈，丰肩，鼓腹，平底。
肩左右各有一环形系。罐体上满饰细麻纹。

汉代

红陶四系罐

高 12.5 厘米，口径 5.6 厘米，底径 8.3 厘米

磁州窑博物馆藏

米

泥质红陶。圆唇，口微外侈，短颈，丰肩，圆鼓腹，平底。肩部
原有四个桥形系，残缺一系。桥形系下饰一周装饰纹带。

219

汉代

灰陶罐

通高 23 厘米，口径 13.1 厘米，腹径 28.8 厘米

河北省邯郸复兴区农机公司出土

邯郸市文物保护中心藏

＊

泥质灰陶。敛口，扁折沿，丰肩，圆鼓腹，平底。肩部对
称贴塑兽面衔环铺首。盖圆弧形，盖面饰花纹，肩部和腹
部各有两圈凸弦纹，肩部对称贴塑兽面衔环铺首。

绿釉罐

通高 22.5 厘米，口径 12.5 厘米，底径 13 厘米

河北省邯郸磁县双庙砖厂西出土

磁州窑博物馆藏

＊

泥质红陶。方唇，直口，颈较短，鼓肩，腹斜直，最
大径位于上腹部，平底。颈下有一周划线纹，肩部饰
凹弦纹一周。器身内外遍施绿色釉。

秦汉至北朝时期

青釉罐

通高 8 厘米，口径 12.4 厘米

河北省邯郸磁县双庙取土场出土

磁州窑博物馆藏

＊

硬陶。厚圆唇，盘口，球形腹，圜底。腹部饰满小方格纹、
中部饰有一周弦纹。器身内外遍施青釉，局部有流釉。

白瓷罐

通高 13.4 厘米，口径 8.7 厘米，腹径 16.2 厘米，底径 10.9 厘米，颈高约 1 厘米
河南省安阳市安阳县曹操高陵出土
曹操高陵遗址博物馆藏

*

瓷。低领，直口，圆唇，溜肩，圆鼓腹，腹下部内收，平底。肩部均匀分布
着四个横置桥形纽系。胎体较纯净，呈白色，有微微泛红现象，施釉不到底，
至腹下部，腹下部和底部不施釉，胎体裸露在外。白釉，釉层较薄，保存相
对较好，莹润发亮，有细小冰裂现象。底部和纽上部各饰一周凹弦纹，纽上
部凹弦纹上下各饰一周水波纹。

酱釉瓷罐

通高 16.1 厘米，口径 12.2 厘米，腹径 20.6 厘米，底径 14.5 厘米，系高约 1 厘米

河南省安阳市安阳县曹操高陵出土

曹操高陵遗址博物馆藏

※

瓷。高领，口微侈，尖唇略外撇，溜肩，鼓腹，腹下部内收，大凹底，在罐内的底部中间形成一个向上的突起。肩腹部分布着六个竖桥形纽，肩部均匀分布着四个纽系，其中两个之间略下方对称分布两个纽系。胎体厚重，质地较杂，器表粗糙。器表原就有釉，釉呈酱色，釉层极薄，几乎全部脱落，仅在局部保存一小部分。周身饰六周凹弦纹，其中颈中部、颈与肩交接处和器底部外侧各饰一周较深的凹弦纹，肩上部有两周很浅的凹弦纹，下部两组之间也有一周浅浅的凹弦纹。

青瓷罐

通高 17.6 厘米，口径 8.2 厘米，腹径 17 厘米，底径 10.4 厘米，颈高 2.1 厘米
河南省安阳市安阳县曹操高陵出土
曹操高陵遗址博物馆藏

＊

瓷。高直领，直口，圆唇，斜肩，微鼓腹，最大径偏上，腹下部内收，大平底，器形整体显得瘦高。肩腹部交接处均匀分布着四个横置桥形纽系。胎体较薄，胎质纯净，呈白色。器身上部施青釉，腹部以下施半釉，釉层较薄，整体厚薄不均，呈上下流动的条带状，最下部有流釉现象。透过釉层，胎体表面的布纹清晰可见。内壁施全釉。腹下部和底部不施釉，胎体裸露在外。肩部与腹部交接处有一周浅浅的凹弦纹。

曹魏

青瓷瓷罐

通高 21.4 厘米，口径 21 厘米，腹径 30 厘米，底径 14.2 厘米，颈高 1.7 厘米
河南省安阳市安阳县曹操高陵出土
曹操高陵遗址博物馆藏

＊

瓷。低领，侈口，圆唇，束颈，窄平肩，鼓腹，小平底。圆鼓腹，腹部最大径偏上，腹下部突然内收，形成小平底。罐的底部微向内凹，边缘残留支烧痕一处。胎体厚重，质地较杂，微泛红色，罐内外均施半釉，下部胎体外露。釉层较厚，呈豆青色，保存较好。颈外侧饰有一周较深的凹弦纹，肩上有两周较浅的凹弦纹，弦纹以下外凸。在上腹部有一周很浅的凹弦纹，沿该凹弦纹对称附有两个竖系，系较宽大，上面阴刻叶脉纹。

汉代

灰陶尊

通高 13 厘米，口径 11.4 厘米，底径 10 厘米

磁州窑博物馆藏

＊

泥质灰陶。斜方唇，口微敞，平折沿，短束颈，折肩，斜曲腹，最大径位于肩部，平底。口内部饰有凹形纹，肩部饰有两周划线纹带，折肩处饰附加堆纹，下饰内凹弦纹一周。

东汉

灰陶仓

高 16.7 厘米，底径 5.7 厘米

磁州窑博物馆藏

＊

泥质灰陶。尖顶，溜肩，肩部有四圈不规则弦纹，营造出四层坡仓顶平底。整体呈椭圆形，上部似尖塔状。此器物造型奇特，较为少见。

233

汉代

酱釉陶仓

高 19 厘米，口径 10.6 厘米，腹径 14.6 厘米

河北省邯郸邯山区邯郸农机公司出土

邯郸市文物保护中心藏

＊

泥质红陶。小敛口、丰肩，筒形深腹，平
底，底部有熊形三足。腹身上下饰三组凸
绳纹。通体施酱釉。在汉代用粮仓模型作
为明器陪葬十分盛行。

汉代

灰陶仓

通高 24.8 厘米，口径 7 厘米，底径 16.2 厘米

磁州窑博物馆藏

＊

泥质灰陶。仓储类建筑明器。小敛口，圆鼓肩，柱状腹，壁较直，平底附矮兽蹄形足。腹部饰有弦纹与短划线纹带。

西汉

彩绘陶卮

高 13.3 厘米，口径 11.6 厘米

河北省保定满城区刘胜墓出土

河北博物院藏

*

泥质灰陶。圆筒形，弧面形盖，平底。腹部
有一环形耳。器身施彩绘，以褐色涂地，上
绘红、黄色花纹。器盖纹饰由变形鸟纹和弦
纹组成。器身花纹分三组，上下两组以朱彩
绘弦纹和锯齿纹，中间勾勒菱形纹图案，内
填卷云纹，上下加饰弧形纹。线条流畅，色
彩鲜明。

东汉

红陶三足奁

通高 12 厘米，通宽 17 厘米

河北省邢台信都区莱佛士考古工地第 31 号墓出土

邢台市文物保护和研究中心藏

※

泥质红陶。陶奁整体为圆筒形，方唇、直口、直腹、平底，底部为圆弧造型三矮足支撑。腹壁上下各有一圈凸弦纹。奁是古代放置女性梳妆用品的器具，《说文解字》中记载："奁，镜匣也。"

灰陶三足奁

通高 11.4 厘米，口径 16.2 厘米

河北省邢台信都区卧庄出土

邢台市文物保护和研究中心藏

＊

泥质灰陶。器身圆筒状，直壁平底，下承三个蹄形足。
腹部饰凹弦纹两周，外壁及足施红色彩绘。

西汉

彩绘陶盆

高 13.1 厘米，口径 55 厘米

河北省保定满城区窦绾墓出土

河北博物院藏

＊

夹砂灰陶。大敞口，平折沿，浅腹，圜底。陶盆以褐色涂地，再用红、白等颜色描绘出纹饰。纹饰分三部分，上部绘鱼纹，四条游鱼首尾相随，生动自然。底部绘白鹭捕鱼纹饰，中部填绘云气纹。三部分纹饰之间以红彩相隔。画面突破图案化格局，笔法趋于写实，展现了汉代画工的高超技艺水平。

汉代

红陶钵

高 8.5 厘米，口径 20 厘米

河北省邯郸磁县双庙取土场出土

磁州窑博物馆藏

＊

泥质红陶。厚圆唇，大口微敞，腹斜曲，腹以下渐敛，小平底。
口沿下有两道弦纹，整体造型规整。

247

曹魏

灰陶碗

通高 6 厘米，口径 15.8 厘米～16 厘米，底径 9.8 厘米

河北省邯郸临漳县上柳村西京港澳高速公路墓出土

邺城考古队存

＊

泥质灰陶。侈口，曲腹较直，平底。内底涂朱，外表压光，近口
沿处有两圈凹弦纹，下腹部局部有红彩勾勒图案，内容脱落不清。

灰陶耳杯

通高 3.8 厘米，口长 13 厘米，宽 9.8 厘米

河北省邯郸临漳县上柳村西京港澳高速公路 M1207 出土

邺城考古队存

＊

泥质灰陶。侈口，曲腹，平底。平面呈椭圆形，口沿两侧对称分布半椭圆形双耳，耳杯内底涂朱，近口沿处有一圈白色连珠纹，外表压光无纹饰。

汉代

绿釉陶盘

高 7.3 厘米，口径 33 厘米

河北省邯郸磁县双庙取土场出土

磁州窑博物馆藏

*

泥质红陶。敞口，平折沿，折腹，上腹斜直，下腹折收，平底。
盘口有残缺，通体施绿釉，造型规整大方。

汉代

灰陶高柄豆

高 16 厘米

邢台市文物保护和研究中心藏

*

泥质灰陶。敞口，浅腹，内斜壁，外折腹，高柄，喇叭形足。通体素面。豆是古代盛食器和礼器，最早用于盛放黍稷，后演变为专门盛放腌菜、肉酱等调味品的器物。

汉代

釉陶高足盘

高 6.5 厘米，口径 12.5 厘米，底径 7.5 厘米

磁州窑博物馆藏

＊

釉陶。直口，浅腹，平底，下承喇叭形高足，盘口和
足端有残缺。原应为绿釉，釉面褪色，部分剥落，露
出红陶胎体。

曹魏

灰陶豆

通高 24 厘米，口径 15 厘米~15.4 厘米，底径 19.4 厘米~20.3 厘米

河北省邯郸临漳县上柳村西京港澳高速公路 M1207 出土

邺城考古队存

＊

泥质灰陶。豆盘敞口，斜腹，细长柄，覆钵形底座。豆柄上下部局
部有戳印纹，底座仿博山炉模印三角形条带和云气纹等。该器豆盘
较小、底座较大，推测应作灯具使用。

灰陶豆

通高 19.5 厘米，口径 11.9 厘米

河北省邯郸临漳县上柳村东京港澳高速公路 M1201 出土

邺城考古队存

＊

泥质灰陶。豆盘圆方唇，直口略侈，细长柄，喇叭状足。
豆足外表面有印纹，内有手指按捏痕。

汉代

灰陶耳杯

高 3.5 厘米，长 11 厘米，宽 9 厘米

河北省邯郸磁县双庙取土场出土

磁州窑博物馆藏

*

泥质灰陶，器型为椭圆形，斜曲腹，平底，
两侧各造一月牙形的对称耳柄。

汉代

灰陶勺

勺直径 6.2 厘米

磁州窑博物馆藏

*

泥质灰陶。勺体较深呈椭圆形，弧形短柄、
柄首后勾。通体素面无纹饰。

汉代

灰陶魁

通高 5 厘米，口径 10.9 厘米，底径 9.2 厘米

磁州窑博物馆藏

＊

泥质灰陶。器身整体呈钵形，一侧有把。圆唇、敞口、斜曲腹、平底。器把塑成兽首形，口沿下和器底装饰有凹线纹。

灰陶魁

通高 6 厘米～7.5 厘米，口长 16 厘米，宽 11.6 厘米～13 厘米，柄长 7.5 厘米

河北省邯郸临漳县上柳村西京港澳高速公路 M1207 出土

邺城考古队存

*

泥质灰陶。魁口呈不规则长方形，侈口，斜腹，平底。魁柄作短龙首状。魁身内壁涂朱，外壁及魁柄压光，局部残存白色底彩，推测原有彩绘。

汉代

酱釉陶灶组合

通高 15.5 厘米，通长 23 厘米，通宽 15.6 厘米

河北省邯郸复兴区百家村砖厂出土

邯郸市文物保护中心藏

*

酱釉陶。素面。平面呈长方形，由灶身、灶门、釜及
甑组成。灶面上有三个火眼，呈"品"字形排列，上
有釜，灶体前后设有挡风墙。

绿釉陶灶

通长 30 厘米，宽 25.3 厘米，高 23.3 厘米

河北省邯郸市临漳县文物保护中心藏

米

泥质红陶。由灶壁、灶面、灶门、火眼、烟囱等构成。灶面呈椭圆形，无底。灶面上隆起三个圆形灶眼，覆碗状，成"品"字形，前二后一，上置二釜一甑。灶门位于前壁中下部，呈梯形。通体施绿釉，器物保存较为完好。

東汉

陶灶

通高 13.8 厘米，宽 21.7 厘米
河北省邢台信都区莱佛士土地 M31 出土
邢台市文物保护和研究中心藏

✳

平面呈梯形，由灶身、灶门、釜及甑组成。灶门长方形，灶后沿
有挡火墙。灶面上有两个火眼，呈前后排列，上有釜，釜上放甑，
甑为敞口，宽沿，斜直腹，小平底。灶面刻有交叉划线纹。

灰陶灶

通高 19.5 厘米，长 33.6 厘米～ 34 厘米，宽 26.2 厘米～ 26.4 厘米

河北省邯郸临漳县板屯村东北京港澳高速公路 M1005 出土

邺城考古队存

＊

泥质灰陶。陶灶平面呈长方形，灶面三个灶眼略凸起，其一上置
陶釜，灶面刻划出刀、鱼等图案，烟囱口呈圆形。

西汉

灰陶猪圈

高 19.4 厘米，长 35.3 厘米，宽 28.3 厘米

河北省邯郸复兴区林村汉墓出土

邯郸市博物馆藏

＊

泥质灰陶。该器为四方式单厕猪圈，四周围合。其中一角带台阶通厕所，厕所歇山顶，瓦垄一一刻写，颇为逼真。其余三面起高墙。猪圈内有一陶猪，泥质红陶，昂首卷尾，体态肥硕。带厕陶猪圈，其二者合一的建筑形制专称"屏圂""圂厕"等。陶猪圈为当时陪葬明器，体现了古人"事死如事生"的丧葬理念。

灰陶猪、猪圈

猪圈通高 21.8 厘米，长 29.5 厘米，宽 22.1 厘米

猪通高 7.5～7.6 厘米，长 16.3～16.5 厘米

河北省邯郸临漳县板屯村东北京港澳高速公路 M1005 出土

邺城考古队存

*

泥质灰陶。猪圈由陶厕和圈栏组成。陶厕为二层阁楼式，阁楼略呈圆柱状，方形门洞，屋顶为四阿顶。圈栏平面呈方形，一侧塑出斜坡道直抵陶厕，圈栏一角与陶厕相通，圈栏内有陶猪两头，作俯食状。

汉代

红陶灯台

高 25.2 厘米，口径 4.6 厘米，底径 12.5 厘米

磁州窑博物馆藏

＊

泥质红陶。由灯柱、灯座两部分组成。灯柱为长柱形，
口沿有残缺，灯柱中部有三圈明显弦纹。灯座为半圆
球形，内体中空。

红陶灯

高 18 厘米，口径 12.5 厘米

河北省邯郸磁县双庙取土场出土

磁州窑博物馆藏

＊

泥质红陶。由灯盘、灯柱、灯座三部分组成。灯柱为
长柱形，中部贴饰一周宽带纹。灯柱上承钵形灯盘，
敛口，浅腹。灯柱下接喇叭形灯座。

东汉

釉陶博山炉

高 27.5 厘米，盘径 27.2 厘米

河北省邯郸市复兴区出土

邯郸市博物馆藏

*

泥质红陶。博山炉由炉身、炉盖、柄和底盘组成。底盘敞口，折沿，浅腹平底，内底装饰有两周凸弦纹。盘中心竹节状炉柄托住炉身，炉身直口，上腹斜直内收，下腹圆曲，其上有炉盖，盖呈尖锥状山形，层峦叠嶂。通体施棕黄釉，釉面不均。博山炉为古代焚香用具，点燃后轻烟从炉盖中升起，缭绕炉体，仿佛海中仙山。

东汉

绿釉陶井

通高 41.4 厘米，底径 18.8 厘米
河北省邯郸临漳县东太平村汉墓出土
邯郸市临漳县文物保护中心藏

*

泥质红陶。井为敛口，宽平沿，束颈，井身筒形，上
窄下宽，平底。井身有弦纹。井口竖立一梯形井架梁，
架顶有井亭，置四阿顶，覆瓦垄。井架梁两侧对称分
布卷云纹饰。井通体施低温铅釉，釉色青翠。

曹魏

灰陶井

通高 41.4 厘米，底径 13 厘米

河北省邯郸临漳县板屯村东北京港澳高速公路 M1005 出土

邺城考古队存

＊

泥质灰陶。陶井呈不规则圆筒形，井字形仿木构井栏，井
栏顶部塑出"四阿顶"式屋顶。

绿釉陶楼

通高 216 厘米

河北省衡水阜城县桑庄墓出土

河北省文物考古研究院藏

*

由台基、门楼、楼阁组成。从外观看，分为
5 层。从内观察，在外观第 4 层以下的每层
腰檐下都有夹层，实际上陶楼的内部空间可
分为 9 层。陶楼的底部为长方形基座，边长
82.8 厘米，正面中央斜坡漫道之上，立一门
楼。门楼为悬山式顶，正脊，顶檐，密排瓦
垄，卷云纹圆瓦当。瓦垄两侧饰二鸟，昂头
翘尾，作欲飞状。两扇门正面饰有铺首衔环，
背面左右两侧各有一圆孔，似为门杠的插孔。
基座中央矗立 5 层楼阁。第 1 层楼矗立在基
座的底部。陶楼底部四角有斗拱结构的布局
形成转角铺作。陶楼的中部有平座卧棂栏杆，
夹层两侧镂空长方菱形格子窗，中央立一俑，
身体掩在栏杆内，头露出栏杆外，戴冠，双
手扶栏杆，两眼正视前方。第 1 层楼的楼顶
为四阿式顶檐，密排瓦垄，卷云纹圆瓦当，
前部饰有 5 个芭蕉叶形瓦钉，两侧各卧一鸟。
背面结构和装饰与正面基本相同，所不同的
是盾牌的两侧没有弓。窗的两侧各有一盾牌，
下方有一副弩。夹层结构中，外层与正面
相同，内层只在中间开一长方形空罅，无窗。
空罅左侧有两副弩，右侧为一盾牌。第 2 层
至 4 层与第 1 层略有不同。第 5 层为陶楼顶
层，结构与前几层大不相同。在第 4 层的顶
檐上部有栏杆一周，四角各饰有狮子头像立
柱斗拱，顶檐下中央各置一圆形警锣。陶楼
正面的警锣下方栏杆上相对蹲坐 2 俑、左面
右面警锣下方栏杆内站立一俑。楼顶为四阿
式，顶檐密排瓦垄，卷云纹圆瓦当。四面瓦
垄两侧各卧一鸟，两鸟之间及垂脊中部都有
一象征性芭蕉叶形瓦钉饰。

绿釉陶楼

通高 132 厘米
河北省石家庄＝无极县南池阳村汉墓出土
石家庄市文物研究所藏

＊

夹砂红陶。方形庑殿顶六层楼阁，由四节组
成，自下而上第一节正面檐墙两侧各施斗拱，
檐部四角设戗脊，鸱尾无存。第二节四面结
构相同，均在檐墙下中部留一方孔，上面正
中饰锁纹窗。窗的两侧各开一长方形门。门
与窗之间分别贴一长方条，条上饰对三角形
纹。檐墙两侧皆施斗拱，檐部四角设戗脊，
戗脊下端施鸱尾。顶上施平座，上节楼身置
于其上。平座上四面各竖一刻有长方形孔洞
的栏板，板上部外折。第三、四节与前两节
结构大致相同。只是第三、四节均分为上下
二层，上下层之间均以平座环绕一圈，每面
施望柱四根，柱头作四角攒尖顶的装饰。下
层四面正中饰斜方格纹窗，窗两侧所饰均与
第二节同，只有左侧一门半掩。上层窗的形
式与窗两侧装饰及檐部、平座结构与第二节
相同，只有右侧一门作半掩状。第四节上为
庑殿顶，正脊两端施鸱尾，鸱尾下部各饰一
圆形瓦当。戗脊下端施鸱尾。楼顶及下三节
出檐均设瓦垄，并施圆形瓦当。器物通体施
绿釉，剥落严重。

曹魏

彩绘陶马车

高 29.5 厘米，长 60.4 厘米
河北省邯郸复兴区林坛镇南蒋村出土
磁州窑博物馆藏

＊

泥质灰陶。双辕车，一马拉车。马呈站
立状，形体肥硕，头较瘦长，短粗颈，
腿粗壮，垂尾，装有鞍具。车为卷棚式
顶，方形车厢，车厢前敞，前后车檐突
出，车轮模印车牙、辐条和轮毂。车棚
前站立一女俑，马右侧恭立一男俑，陶
马及辕车上彩绘已脱落。

西汉

陶踞坐女俑

高 17.4 厘米

河北省邯郸永年区西阳城村古墓出土

邯郸市永年区文物保护中心藏

＊

泥质灰陶。女俑面目清秀，头部微斜，传神写意。两手在袖管内相抱，置于腹际，双膝着地，脚掌向上，呈踞坐姿。由内至外共着绿、红、黄色三重曲裾深衣，衣着华丽，色彩鲜艳。该俑展现出汉代女子大气拙朴、温婉恬静之美。

西汉

陶男立俑

高 27.4 厘米

河北省邯郸永年区西阳城村古墓出土

邯郸市永年区文物保护中心藏

﹡

泥质灰陶。男俑五官清晰，面部严肃，双手相抱置于腹际，呈站
立状。头戴黑色风兜，身着绿袍至膝，领口、袖边以红白色装饰，
蓝裤黑靴，色彩分明。男俑身材魁梧，造型生动。

289

彩绘红陶白衣男立俑

通高 25.3 厘米，通长 9.5 厘米，通宽 5.3 厘米

河北省邯郸邯山区渚河桥出土

邯郸市文物保护中心藏

＊

泥质灰陶。脸部宽而扁平，五官不甚清晰。身着窄袖
交衽长衣，双手袖于腹前，腿并拢，足登靴。

西汉

彩绘红陶跪坐俑

通高 21 厘米，通长 9.8 厘米，通宽 7.1 厘米，
河北省邯郸邯山区五七钢厂住宅楼出土
邯郸市文物保护中心藏

*

泥质灰陶。脸瘦削，五官模糊。身着交衽深衣，覆盖
整个腿、足，两上肢体侧前伸，手握拳有洞，作执物
或驾驭状，下肢呈跪坐姿势。

293

魏

彩绘陶马拉车女仆

高 23 厘米

河北省邯郸磁县林坛镇南蒋村出土

磁州窑博物馆藏

＊

泥质灰陶。头梳高髻，以缯带束于髻根作环状。身穿
红彩交领窄袖长裙，裙摆较宽。双手拢于胸前作站立
状。笑容温和，神情恭谨。

彩绘陶马拉车女仆

295

西晋

陶俑

通高 23.8 厘米，22.1 厘米

河北省邯郸临漳县上柳村东南京港澳高速公路 M1267 出土

邺城考古队存

*

泥质灰陶。对半模制。一件束发，戴小冠，身穿交领右衽长袍，
双手握于胸前，足穿靴直立。另一件头戴平顶小皮帽，上身穿交
领右衽外衣，腰间扎带束结，下身穿大口裤，足穿靴。两件均全
身涂白色底彩，但大部分脱落。

晋

男仆俑

高 20 厘米

磁州窑博物馆藏

＊

泥质灰陶。站立状。身穿交领窄袖长袍，腰束带。双
手拢于胸前。宽脸，颧骨较高，深眼窝，眼、嘴、鼻
头都较大。面带微笑，神情恭谨。

晋

风帽俑

高 25 厘米

磁州窑博物馆藏

*

泥质灰陶。站立状。头戴尖顶风帽，身穿交领窄袖长
袍。双手拢于胸前。面庞圆润，眉目较扁平。

301

舞俑

高 27.5 厘米

磁州窑博物馆藏

＊

泥质灰陶。头戴尖顶小帽，上穿圆领窄袖上衣，下着
长裤。双手交错置于胸前，右手呈拳状在上，左手在
下，掌心向内，两腿分开站立。脸庞圆润，面带笑容。

303

跽坐俑

高 15 厘米

磁州窑博物馆藏

＊

泥质灰陶。头梳圆状双髻，身穿窄袖长裙，颈肩缠围巾，双手覆于膝上，跽坐姿态。面庞圆润，眉目较模糊。

晋

侍卫俑

高 24.2 厘米

磁州窑博物馆藏

※

泥质灰陶。头部断裂，可拼合。双腿并拢站立，右手
上举握拳置于胸前，左手弯贴于身侧，双手作执物状。
脸庞较宽，眼窝深邃。

萨满巫师俑

高 30 厘米，宽 17 厘米

河北省邯郸磁县茹茹公主墓出土

北朝考古博物馆藏

＊

泥质灰陶。人俑整体为一老者形象，头戴毡帽，身穿圆领广袖红色曳地长袍，左手持锯齿状法器，右手手指并拢向上抬起，作婆娑起舞状。老者长须飘洒，笑容可掬，神态生动自然。

东魏

伎乐骑俑

通高 29.5 厘米

河北省邯郸磁县茹茹公主墓出土

北朝考古博物馆藏

*

泥质灰陶。头戴小冠，身穿交领广袖长衫，
双手曲举于胸前作持物状。陶俑骑于马上，
神情端庄肃穆。

北齐

大门吏俑

通高 142.5 厘米

河北省邯郸磁县湾漳北齐高洋墓出土

河北博物院藏

*

头戴黑色平巾帻，面相方正丰满，额头宽阔；双眉弯曲起脊，眉两端尖细，眉心处向上弯挑，眼帘微垂；鼻梁高耸，鼻翼丰满，人中很深；双唇微张；两颊肌肉丰满，下颌较短中间有一浅凹，双耳雕刻极精细逼真，耳垂颇大。上身内穿粉白色圆领衣，外套朱红色高领广袖褶服，最外罩裲裆衫，双肩部位以带扣边缀，腰扎白色宽带，朱红色两当衫，腰带以上周缘施粉红色；下身穿白色大口裤，足穿黑色笏头履。双臂交拱于胸前似按扶宝剑之类器物，惜已不存。手为衣袖所遮掩，未塑出。衣袖为左袖压右袖。

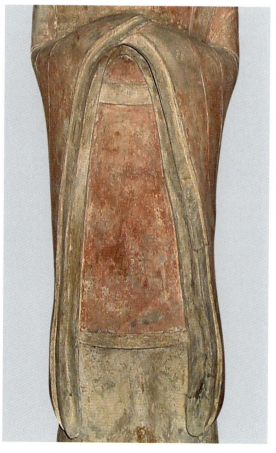

313

北齐

大门吏俑

通高 142.5 厘米

河北省邯郸磁县湾漳北齐高洋墓出土

河北省文物考古研究院藏

*

泥质灰陶。出土于墓石门外西侧，与墓石门外东侧俑面目表情和衣着基本一致。立俑身形高大，面相方正，额头宽阔；双眉弯曲起脊，眉两端尖细，眉心处向上弯挑，目视前方；鼻梁高耸，鼻翼丰满；双唇微张，露出上齿；两颊肌肉丰满，下颌较短，中间有一浅凹，耳垂颇大。头戴黑色平巾帻，上身内穿粉白色圆领衣，外套朱红色高领广袖褶服，最外罩裲裆衫，双肩部位以带扣边缀，腰扎白色宽带，腰带以上周缘施粉红色。下身穿白色大口裤，足穿黑色笏头履。双臂交拱于胸前似按扶宝剑之类器物，手为衣袖所遮掩，未塑出。衣袖为左袖压右袖。

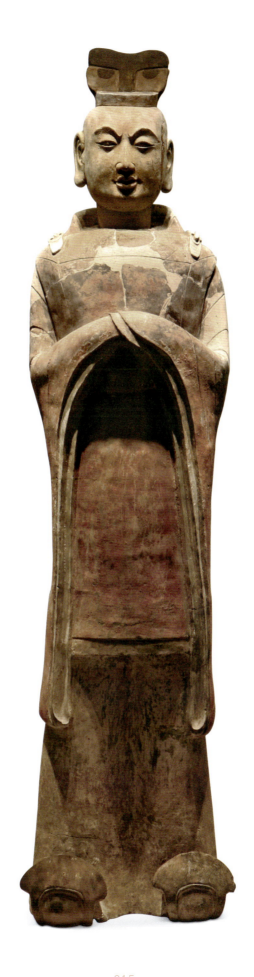

315

北齐

按盾武士俑

高 48.5 厘米

河北省邯郸磁县北齐元良墓出土

北朝考古博物馆藏

*

泥质灰陶。方面大眼，阔鼻大嘴。头戴兜鍪，中脊起棱，前有冲角，两侧有耳护。身穿圆领上衣，领上系花结，披明光铠，胸背左右有椭圆形护胸，肩有披膊，腰部束带，下着缚裤。右手下垂贴于身侧作握拳持物状，拳心有孔，左手按住长盾，盾面中心装饰兽头，兽头四面环绕四个武士，姿势上下不同，左右基本对称。武士俑一般体形较大，气势威严。

317

北齐

乐舞俑

高 28 厘米

河北省邯郸磁县北齐高洋墓出土

北朝考古博物馆藏

＊

泥质灰陶。头戴笼冠，上身穿交领右衽广袖褶衣，衣上施红彩，腰系曳地长裙，裙上以线划出裙褶。两手袖口部都有圆孔，应有执物。舞俑身体略向前弓，左臂上举，右臂向下略向外撇，左腿微曲，作舞蹈状，舞姿生动优美。

北齐

袴褶仪卫俑

高 30 厘米

河北省邯郸磁县北齐高洋墓出土

北朝考古博物馆藏

＊

泥质灰陶。面庞丰满，作微笑状，头微后仰。头戴小冠，上身穿
红色交领广袖褶衣，腰束带，下穿白色大口裤，膝部系缚，足
穿鞋。右臂上举握拳贴于胸部，拳心有孔，应有执物，左臂下垂，
手为衣袖遮掩。背后斜背黑色箭囊。

北齐

风帽立俑

通高 28 厘米
河北省邯郸磁县北齐高洋墓出土
北朝考古博物馆藏

＊

泥质灰陶。面庞丰满，笑容温和。头戴圆顶风帽，帽裙披至肩部，
内着广袖长衣，外披套衣，衣上施朱红色彩绘，领口系带，下着
大口裤，足穿鞋。双手拱于胸前，作侍立状。

北齐

步卒俑

高 29.5 厘米

河北省邯郸磁县北齐高洋墓出土

北朝考古博物馆藏

＊

泥质灰陶。面庞圆润，表情坚毅。头戴红彩小冠，上身内穿圆领
宽袖衣，外穿朱红色开领半袖军衣，敞开的衣领上可见一道道平
行纳线，腰束带，下穿白色大口裤，膝部系缚，足蹬靴。双手下
垂呈握拳状贴附于身侧，拳心有孔，原应有执物。

北齐

笼冠鼓乐骑俑

高 33.5 厘米

河北省邯郸磁县北齐高洋墓出土

北朝考古博物馆藏

＊

泥质灰陶。头戴兜鍪，顶部有一插缨孔，耳部加有耳护。上身穿圆领窄袖衣，肩加披膊，外面斜披战袍，右袒。下身穿小口裤，腿前裹有甲裙。双手拳心各有一孔，作握拳执物状。

人面镇墓兽

高 34 厘米
河北省邯郸磁县茹茹公主墓出土
北朝考古博物馆藏

*

泥质灰陶。镇墓兽为人面兽身组合，作蹲踞状，下有底座。面庞肥阔，怒目圆睁，阔鼻墩挺，嘴唇吸喂，大耳悬垂。背竖四撮鬃毛，尾倒卷，背上划卷毛纹饰，刻划细腻。人面兽身的组合，造型奇特，想象丰富。

东魏

狮（兽）面镇墓兽

高 33 厘米

河北省邯郸磁县茹茹公主墓出土

北朝考古博物馆藏

*

泥质灰陶。昂首蹲踞，下有底座。巨目阔鼻，大嘴张开，獠牙外露，背竖四撮鬃毛，尾高翘。眼嘴胸腹部和尾巴残存红彩，塑形与着色融合相配。狮首目露悍光，凛气逼人，置于墓中用以守护亡灵安宁，起到镇墓驱邪的作用。

一 秦汉至北朝时期 一

人面镇墓兽

高 30 厘米

河北省邯郸磁县元祜墓出土

北朝考古博物馆藏

*

泥质灰陶。人面兽身，蹲坐于长形底座上。面部较柔和，虬须，头生独角。后背弓起，尾巴倒卷，头、背、尾上竖立三撮鬃毛。前肢细长，前肢上部两侧长毛卷曲。器身绘红彩，现可见背部鬃毛和脖颈处有残留，色彩鲜艳。

汉代

陶立马

残高25厘米，重2.1千克
河北省邯郸林坛镇南蒋村东古墓葬出土
磁州窑博物馆藏

*

泥质灰陶。陶马头小耳尖，鬃毛平整，背有鞍鞯、障
泥，马尾残缺，马前胸浑圆呈前凸状，腿部粗短，前
腿伫立而后腿若弓。整体气势雄健。

陶马

通高 26.5 厘米，残长 36 厘米

河北省邯郸临漳县上柳村东南京港澳高速公路 M1267 出土

邺城考古队存

*

泥质灰陶。对半合模。马头微垂，头顶有圆锥形凸起，四足直立，
拱桥形马鞍，两侧塑出障泥，尾部残缺。

东魏

陶鞍马

高 30 厘米

河北省邯郸磁县茹茹公主墓出土

北朝考古博物馆藏

＊

泥质灰陶。陶马呈站立状，下有长方形底座。曲颈粗
长，头较瘦长，垂尾微翘。马上装饰銮铃、璎珞、鞍
桥、障泥等，銮铃上贴金。陶马制作优良，造型生动，
雕刻细腻，宛如一匹装饰华丽的宫廷御马。

陶牛

高 19 厘米，长 32 厘米

河北省邯郸磁县双庙村北十六国墓出土

磁州窑博物馆藏

＊

陶牛胎呈土黄色。站立状，犄角前伸，双目圆睁，
鼻孔外张。身形浑圆，短粗腿。形象温和敦厚。

陶牛

高 29.4 厘米

河北省邯郸磁县茹茹公主墓出土

北朝考古博物馆藏

*

泥质灰陶。陶牛站立于长方形底座，抬头耸肩，双目圆睁，鼻孔张开，嘴微张，牛耳耳端略尖，牛角较短向两侧弯曲，牛尾下垂。陶牛体态健硕，腹部浑圆，后臀呈弧线形，整体生动写实，神态威猛。牛在当时地位尊贵，《魏书·礼书》载："魏视牛为神物，皇帝即位，告祭天地，用牛。"

北齐

陶骆驼

高 30.5 厘米

河北省邯郸市磁县北齐高润墓出土

北朝考古博物馆藏

*

泥质灰陶。骆驼张口仰视，四足直立于长方形底板上，似要前行。双峰间驮帐具垂囊，囊上挂大雁丝绢等物，整体造型生动。骆驼是古代丝绸之路上的重要交通工具，见证了丝绸之路的兴旺繁荣。

東魏

陶骆驼

高 25 厘米，长 32 厘米
河北省邯郸磁县茹茹公主墓出土
北朝考古博物馆藏

※

泥质灰陶。骆驼昂首远视，左前腿跪地，右前腿蹬地，两后腿站立，作旅途憩息状，下有长条底座。其背负帐具和垂橐，旁挂酒壶、大雁及兽腿等物，细节刻画细腻逼真，是北朝皇陵陪葬品中的艺术珍品。

陶龟

通高 19.9 厘米，长 33 厘米，宽 24.5 厘米

河北省邯郸临漳县东太平村汉墓出土

河北省邯郸临漳县文物保护中心藏

＊

泥质灰陶。陶龟整体呈现椭圆形，龟颈弯曲前伸，龟
甲隆起，尾部上翘，四足着地，腹内中空。该陶龟造
型近似于陆龟，生动活泼。

釉陶鸡

通高 16.8 厘米和 16 厘米

河北省邯郸临漳县芝村东北京港澳高速公路 M400 出土

邺城考古队存

＊

泥质红陶。对半合模。陶鸡头微垂，尾部上翘，足部塑
成圆筒形，其上浮雕出腿和爪，一件周身施绿釉，另一
件周身施墨绿釉。

陶猪

通高 9.2 厘米，长 19 厘米

河北省邯郸临漳县芝村东北京港澳高速公路 M400 出土

邺城考古队存

*

泥质灰陶。对半合模。陶猪四肢直立，头微垂作俯食状，
背部鬃毛竖起，造型生动写实。

陶猪

高 8.5 厘米，长 20.4 厘米

河北省邯郸磁县茹茹公主墓出土

北朝考古博物馆藏

＊

泥质灰陶。圆眼，长鼻，小耳，口中长出獠
牙，似野猪形象，卧伏于长条底座上。

陶虎

高 5.5 厘米，长 17 厘米

河北省邯郸磁县茹茹公主墓出土

北朝考古博物馆藏

*

泥质灰陶。瞪目远视，宽鼻阔嘴，前肢曲，后肢一腿
曲一腿蹬，作俯伏捕食，神态栩栩如生。

红陶素胎壶、碗

盘口执壶　通高 16.3 厘米，口径 5.2 厘米

碗 1　通高 7.2 厘米～7.6 厘米，口径 18.3 厘米

碗 2　通高 7 厘米，口径 13.5 厘米

碗 3　通高 4.6 厘米，口径 9.7 厘米

碗 4　通高 5.9 厘米～6.7 厘米，口径 7.5 厘米

碗 5　通高 5.7 厘米～6 厘米，口径 11.7 厘米

河北省邯郸市临漳县义城村西北京港澳高速公路窑址群出土

邺城考古队存

＊

泥质红陶。轮制。为素烧陶器。这些器物出土于窑址，是制作釉陶器时初次素烧半成品。

碗 3

执壶

碗 4

碗 5

碗 1

碗 2

青釉小水盂

高 5 厘米，口径 3.2 厘米，底径 3.8 厘米

河北省邯郸磁县磁州镇东王庄村出土

磁州窑博物馆藏

✳

小圆口，口内敛近平，丰肩，圆鼓腹，饼形足。器身施青釉，釉色泛黄，釉面有脱落，可见细碎开片。

釉陶壶、碗

釉陶壶

1. 残，高 14.2 厘米

2. 残，高 16.4 厘米

釉陶碗

3. 高 5.4 厘米

4. 高 5.6 厘米~ 5.9 厘米

5. 高 7.4 厘米

河北省邯郸临漳县义城村西北京港澳高速公路窑址群出土

邺城考古队存

＊

泥质灰陶。轮制。均为窑内烧制失败的陶壶、碗残次品。

1

2

3

4

5

釉陶碗

1. 残高 9.3 厘米，口径 16.7 厘米～18.4 厘米

2. 残高 5.6 厘米～7.33 厘米，口径 10.5 厘米～13.6 厘米

3. 残高 9.8 厘米，口径 11.5 厘米

河北省邯郸临漳县义城村西北京港澳高速公路窑址群出土

邺城考古队存

*

泥质灰陶。轮制。为窑内烧制失败的残次品，侧面可见支
钉使用和陶碗叠烧方式。

1

2

3

363

陶支钉

1. 通高 13 厘米
2. 高 3.1 厘米
3. 高 12.9 厘米
4. 高 13.7 厘米～ 14 厘米

河北省邯郸临漳县义城村西北京港澳高速公路窑址群出土

邺城考古队存

*

泥质灰陶或红陶。其一带釉，为烧制陶器或釉陶器时的支垫具，以防止陶器或釉陶器在烧制时相互粘连。

1

2

3

4

后记

接到"中国磁州窑文化大系"《磁州窑的孕育：新石器时代—北朝卷》的编写任务之后，请教了丛书的总主编戴建兵老师、秦大树老师，以及中国古陶瓷学会孙新民会长、河北美术出版社田忠社长等，并与当代的磁州窑中国工艺美术大师们进行了探讨，深感担子的沉重。瓷器源自南方，这是大家的共识。瓷器烧制技艺何时传来北方，特别是传入邯郸磁州地区的时间；本地化过程的时间节点，即瓷器文化和本地文化融合过程中，吸收本地陶器窑炉技术和制作工艺等都有哪些，怎么融合的，曾有文章中涉及过。但其中仅有只言片语，没有系统梳理和研究。本卷试图在此方面有所建树，对冀南和豫北安阳地区在窑炉技术积淀、陶器器型演变和对瓷器影响、制作工艺继承和创新等方面，用图录展示陶器实物演变进程，以供大家进一步研究参考。

本书共收录冀南和豫北安阳地区出土文物232件（组），涉及收藏单位十数家，按新石器、夏商周（春秋战国）、秦汉到北朝三个大的历史阶段，对实物进行了排序，每个阶段内器物先按器型排序，同类器型再依据时代先后顺序进行排序编写。本书获得了省委宣传部的支持和指导，在资料收集、图片拍摄和图录的编辑过程中，得到了所涉文物收藏单位的大力支持和协助，河北省文化和旅游厅，河北省文物局给予了指导，各相关地市、县（市、区）文物主管部门也给予了支持。河北博物院、河北省文物考古研究院、中国社会科学院考古研究所和河北省文物考古研究院邺城考古队（邺城考古队）、曹操高陵遗址博物馆所藏文物照片由各单位（或队）组织拍摄并提供，邯郸市博物馆、邯郸市文物保护中心、邢台市文物保护和研究中心、磁州窑博物馆、北朝考古博物馆、邯郸市永年区文物保护中心、临漳县文物保护中心等单位所藏文物照片由河北美术出版社组织拍摄。

本书在编写和词条撰写中吸收了已有的考古发掘和研究成果，资料收集和文字统筹人员为马小颖、刘恒佳，图像资料收集为马小颖、徐文英，参加编写的人员有马小颖、韩淑华、刘恒佳、李倩、产炎生、王一淳、王志勇、王志强、翟红友、王静等。

在本书编写过程中，责任编辑提出了很多中肯合理的意见和建议，感谢他们的辛勤付出。

韩立森

2024 年 3 月 10 日